SHAO YI
少毅——著

所谓时间管理
就是选择性放弃

民主与建设出版社
·北京·

图书在版编目（CIP）数据

所谓时间管理，就是选择性放弃 / 少毅著 . -- 北京：
民主与建设出版社，2019.8（2022.6 重印）
ISBN 978-7-5139-2596-9

Ⅰ . ①所… Ⅱ . ①少… Ⅲ . ①时间 – 管理 – 通俗读物
Ⅳ . ① C935–49

中国版本图书馆 CIP 数据核字 (2019) 第 161711 号

所谓时间管理，就是选择性放弃
SUOWEI SHIJIAN GUANLI JIUSHI XUANZEXING FANGQI

出 版 人	李声笑
责任编辑	程旭
封面设计	李俏丹
出版发行	民主与建设出版社有限责任公司
电 话	（010）59417747　59419778
地 址	北京市海淀区西三环中路 10 号望海楼 E 座 7 层
邮 编	100142
印 刷	天津旭非印刷有限公司
版 次	2019 年 9 月第 1 版
印 次	2022 年 6 月第 4 次印刷
开 本	880 毫米 ×1230 毫米　1/32
印 张	7.5
字 数	140 千字
书 号	ISBN 978-7-5139-2596-9
定 价	39.80 元

注：如有印、装质量问题，请与出版社联系

序言

时间管理，选择比技巧更重要

刚步入职场时，有一次领导带着我们开会，讨论一个重大的项目，并专门安排一位来公司两年多的HR做会议记录。当时我特别纳闷，做会议记录这样简单的事情，还需要专门找人做吗？

会议在领导的主持下，我们讨论得热火朝天，话题天马行空，时不时还会相互争论一番。我都为这位HR担心，这个会议她该怎么记录。

但是第二天，看到她的会议记录后，我和所有人都感到十分震惊。

原来，这位HR把烦冗的内容抽丝剥茧、去粗取精，分门别类地整理出来，同时标注了重点、摘要，准确展示了关键数据，呈现了我们讨论的最终结论，方便领导阅读。

几个小时的会议内容被她浓缩在两页A4纸上，重点明白、脉络清晰。

她抛开无关紧要的部分，保留了会议的重点和核心。她的分析能力很快打动了领导，也给我好好上了一课。

我明白，其实很多顶尖高手都是这样，他们能在别人都注意不到的小事上，展现出高超的分析能力和处理水准。同样是要把事做对，厉害的人总能找到最重要的事，普通的人总是忍不住做更多的事，是选择决定着我们的努力是否更高效。

此后，我会常常观察她的工作方法。我发现，她做任何事情都很有效率，秘诀只有一条——抓大放小。

处理多线任务时，先做紧急重要的事，后做重要不紧急的事几乎已经成为她的本能。

我问她为什么会形成这样的习惯，她告诉我，她有个家庭主妇朋友，总抱怨想做的事情一件也做不了。可据她观察，朋友不是没时间做，而是朋友的时间太过分散，总被不重要的琐碎事情牵扯精力。

以朋友为鉴，她开始明白，要真正处理好事情、利用好时间，首先必须确定重点。

虽然她算不上我在职场上的老师，但是对我的影响可能是最大的。从她的身上我学到了一个习惯，就是我每天早上来到公司工作之前，都会先拿出一张纸，在纸上写下今天一天工作中所有的待办事项。写下来之后，我会对这些要做的事情进行重要性的排序。首先选择出最重要的事情，在一天状态最好的时候，多花点精力去做，不重要的事情就少花点精力，甚至干脆不做。这个习惯我几乎一日未断，到现在一直坚持了许多年。

很多人佩服我时间管理的能力强，其实我并不认为我是在做时间管理。我从来不追求如何让自己高效地完成很多的事情，而只是在选择最重要的事情，然后花足够的时间把它完成。

不管是工作还是生活，吸引我们去做的事情有很多，但是真正重要的、值得做的事情，其实并没有那么多，关键是我们懂不懂得选择。

其实，人能取得什么样的成绩、达到什么高度，抓住重点、分清主次是关键性因素。

比如明天考试，今天与考试无关的事情就都要放下，因为我们明白，晚上的时间必须用来看书，不抓紧时间复习，明天就可能会挂科。

当我们有一个五年计划、十年计划时，我们能否坚持把时间分配给我们的首要目标，而不是觉得今天还有很多时间，可以打打游戏、追追剧呢？

时间常会这样一点一滴流失掉，我们不可能既要成功，又想轻松的娱乐。

你是否能成熟清晰地分析自己的处境，遇到乱局时有没有刻意训练自己抓大放小的能力？答案不同，结局的走向也迥然不同。

什么都做的人，可能每一方面都很平凡。有选择地去做事的人，才有可能成为某个领域的专家。

这个世界，不是有钱人的世界，也不是有权人的世界，而是有心人的世界。

在获取资源和信息越来越便捷的前提下，大家开始形成一种共识——真正决定一个人能达到什么高度的，不是你的能力，而是你的选择。

在不同赛道上，同等水平的努力完全可以造就不同的人。人的一生由无数选择组成，你选择了什么，在什么事情上花了更多时间，会在结果中直接体现出来。

雷军曾说：一个人想要达到某种高度，要提高自己做选择的能力。

只有将时间分配在人生重点及工作核心上，我们才能真正获得自己想要的价值。

时间对每个人都是公平的，却又是不公平的。同样的时间，有的人成就非凡，有的人碌碌无为。时间虽是客观存在，但人的心智却有云泥之别。该怎样抉择人生重点，如何选择性地放弃某些事，都是我们应该关注的。只要有决心，我们就一定能找到关于时间管理的答案。

目录

Part 1

每个人都要有
自己的不为清单

集中精力做最高效能的事情，把其他无关的杂事尽量规律化，让它不会影响到我们的主要目标。

1. 提升自我认知，哪有没有时间这回事

　　落笔之前，我要告诉诸位读者——"时间"是不能被管理的。

　　肯定有人要问，这本书的标题不就是"时间管理"吗？既然时间无法被管理，那还有什么好写的呢？

　　其实，之所以说时间不能被管理，是因为对个人而言，时间是一个客观存在的东西。它的流逝和前行，都不以人的意志为转移。我们无法将时间握在手中，让它为我们驻足停留，也无法把它的脚步调快，让某些不喜欢的场景快速掠过。

　　因此，真正的时间管理，并不是针对时间本身的管理，而是针对我们自己在单位时间内能达成的效率进行管理。

　　曾有英语学霸分享自己的经历：她学习英语是基于强烈的兴趣，这种不带功利心的喜欢为她的学习打下了基础。上大学时，每看到一个知识点，她都会花时间钻研、联想。虽然同样和同学们坐在教室学习，但几年下来，她已经把别人甩开一大截。

　　她说，当你在单位时间内比别人学得更多、更快、更好时，你

对时间的利用率就比别人高。

这个更多、更快、更好，是通过你前期的自我管理和学习积累得来的。你掌握这门课程的学习方法，并在大脑之中构建出了一个复杂的记忆网络，这时，你把知识点安放进去，学习起来就会比别人迅速得多。

由此及彼，其他科目她也能触类旁通并很快掌握了它们的学习方法。但是，她还是选择将英语学到极致，因为仅凭这一门专业，她就获得了比别人更大的竞争力。

其实，这就是时间管理的真谛。当我们在单位时间内获得的东西更多时，我们就完成了头脑之中的自我进化。而且，随着我们的知识积累得越多，这种自我进化也会越快。只要方法得当，假以时日，我们便可成为这个领域的专家。

李开复曾在创意工厂介绍培养孩子的方法，有观众向李开复抱怨说，虽然他的理念和方法都很好，但是如果真的要执行，要花很多时间。

但李开复告诉他："生产力和兴趣直接相关，面对我不感兴趣的事情，我可能会花掉40%的时间，产生20%的效果；但遇到我感兴趣的事情，我可能会花100%的时间，得到200%的效果。"

由此可见，真正的时间管理，其实是自我认知的管理。关键是找到自己真正感兴趣的，或者对自己当下真正重要的有益的事情。

那么，怎样才能合理安排和利用时间呢？我们先看个人发展学会职业精英研修班一位叫小阳的学员的一段经历：

小阳工作快3年了，在朋友圈里看到前同事去丽江住了一个月民宿，拍的风景图片非常的美，于是觉得人生应该像前同事那样才好。从此她暗下决心按时下班，享受生活，并开始学习做饭和插画。

过了一段时间，小阳得知大学同学创业成功，年薪都上百万元了。她又觉得自己应该趁年轻努力挣钱，于是开始拼命工作，报班听课，努力上进起来。

没过多久，母亲节到了，小阳想起母亲身子骨越来越差，因此觉得人生不能只有工作，陪伴家人才是最重要的。于是她又带着父母去旅行，陪男朋友去爬山。

小阳这么一通折腾，大半年的时间被浪费了。正好此时公司业务调整，部门被解散，小阳却因为这段时间工作表现不佳，居然被辞退了。

被辞退的小阳痛苦不堪，不知道自己做错了什么。

其实小阳的问题就在于，对自己的职业现状缺乏基本的认知，不知道当下对自己最有益的事情是什么，不懂得选择，做了太多无效的事情，浪费了大量的时间。

要想解决这个问题，首先要明确一点：每个人的时间都是有限的，每个人的时间也都不够用。那些从容淡定的人，是因为他们在管理时间时，拥有一套内化的筛选重点的方法。

他们不一定会说出方法，但是在行动中，他们已经自然而然地执行了。

首先，筛选出自己真正感兴趣，或者对自己当下真正重要的事物，再针对性地对其进行加强管理。这样，你才能成为时间的主人，才能在单位时间内做得比别人更好更出色。

当我们能从一堆杂乱无章的事情中厘清重点时，我们就不会把时间浪费在不必要的事情上，也不会因为没有完成度而感到焦虑。

在生活中，我们常常感觉时间不够用，很多事情想做却觉得没有时间。其实是对当下真正重要的事情认知不足，如果你认为一件事值得你去做，哪里会没有时间呢。

这一点，在我两个朋友身上体现得特别明显。

第一个朋友是银行的客户经理，年岁渐长，日益发福，这令她十分担心。另一位集团的销售经理朋友却每天都坚持锻炼，将身材保持得非常完美。

为了变漂亮，客户经理朋友立志每天跑步，发誓要瘦成一道闪电。但没坚持多久，她就开始为自己找借口：今天我一整天都要工作，太忙了，完全提不起劲跑步；明天早上要开会，下午要见客户，也不想跑了。就这样，她的跑步计划开始无限期延后，最后顺理成章地"流产"。

　　她意志力不强吗？并非如此。评选公司业务能力前三名的客户经理，每次都有她。她能在工作上花这么多心力，为什么就不能约束自己去锻炼呢？

　　难道一个人身上的意志力，对她的行为不应该有同样的统摄作用吗？

　　后来我想到，客户经理朋友之所以不能像销售经理朋友那样坚持锻炼、保持身材，归根到底是因为她们对减肥的重视程度不同，对时间和意志力的分配，当然也会有所区别。

　　她们的时间管理重点，是有区分的。

　　譬如，客户经理朋友当下的人生重点就是通过提升业务知识，获得职场上的晋升，赚取更多财富。

　　销售经理朋友，则更想要保持良好的身材——她认为好身材也能帮助她获得更多订单，所以更愿意在身材上下工夫。

　　目标不同，时间分配就不同，得到的结果自然也不同。

2. 所谓时间管理，就是选择性放弃

我的一个下属佳佳，每天有效的工作时间不超过3个小时。上午到达公司，正要回复邮件，忽然看到同事穿了一件新衣服进入办公室，她便飞奔过去看，随后，两人竟自然地讨论起最近新同事从日本带回来的护肤品质量。

正讨论着，客户给佳佳发来信息，让她看看需要的产品是否已经准备好。佳佳打电话过去，对方未接，她也没有继续跟进。这时发现页面上弹出了一个购物窗口，她又开始往购物车里添加自己购物清单中的物品。

刷着刷着网页，一上午就这样过去了。与工作相关的内容，她一项也没有完成。

确实，有了根据用户喜好个性化推荐的机制后，大数据入侵生活简直避无可避，各种博眼球的新闻、猎奇的视频，让人"根本停不下来"。

很多App甚至主动推出在线时长显示、防沉迷等功能，就是为了提醒用户控制自己在应用上投入的时间。

人们以前在大街上看热闹，现在在网络上"吃瓜"。谁结婚了，谁跳楼了，谁发财了，谁跑路了等，八卦新闻不断。

但这些八卦内容，本质上和自我提升并没有太大关系。

当我把这个观察结果告诉佳佳时，她说："我每天工作都很累，时常有焦虑感，刷刷抖音、看看段子，就当是休息吧。"

她的想法很有代表性：很多时候，大家并不是"不想做"，而是在不知不觉间时间就流逝了。想做的事情没有做，到了下班的时候内心感觉无比焦虑。

其实，身在职场的人大多都曾遇到这样的问题：

每天睁开眼，你面对的都是一堆琐事，每件事看起来都必须要做，但是一天下来，往往每件事都做得虎头蛇尾。为什么会产生这样的问题？时间也没有少用，但是最终的成效却不大。

每次听见这样的抱怨，我都会提醒他们，遇到这样的问题，完全是因为没有做好时间管理。如果给你每天的工作做一个清单，把清单上的工作事项分为今天必须完成的和今天不必完成的，然后按照这个清单执行一天的工作，试试看会有什么效果。

工作中必须完成的和不必完成的就是我们时间管理上常说的必为清单和不为清单。这两个清单能够帮助我们提高效率，合理分配时间，很好地完成工作。

实际上我们一天的工作，就是在精力最好的时候先把重要的事情做完，而一些琐事或者机械重复的事情可以放在后面做。有选择地放弃一些暂时不太重要的事情，把时间花在重要的事情上，这样才会事半功倍。

弗朗西斯·培根曾说过，善于选择要点就意味着节约时间，而不得要领的瞎忙，却等于乱放空炮。所谓时间管理，就是选择性放弃。选择性放弃，才会在纷乱的工作中掌握主动权。

利物浦主帅克洛普就是这样一个人。在漫长的英超联赛能够取得冠军才是英超主帅工作的重中之重。在这一个赛季长达38轮的比赛中，还要夹杂着本土的足协杯和联赛杯两项赛事。以利物浦的板凳深度来说，要想取得所有赛事的冠军简直是不可能的。

因此赛季初，克洛普在打足协杯和联赛杯赛事的时候，尽量让主力队员休息，尽遣二线队伍上去比赛。一是为了锻炼年轻球员，二是为了保存主力球员的体能。当然，利物浦在这两项赛事中都相继败北。随着联赛赛事的深入，利物浦逐渐在联赛中掌握了主动权，始终紧紧地咬住联赛第一曼城队，克洛普可谓功不可没。

克洛普在自己的工作中，有选择的放弃，让他的球队在联赛争夺冠军中始终保持竞争力。这是他在一个漫长的赛季对自己时间管理的精准体现。

很多时候，工作没完没了，是因为你不懂得什么叫选择性放弃。

如果你任由自己的时间花费在无谓的事情上，那么自然没有时间投入到真正重要的事情上。

　　马云曾说过，透过时间管理能看出，一个人如何过一天，就如何过一生。如果一个人不知道自己想要什么生活，什么才是生活、学习的重点，就不能合理分配时间，也很难实现你想要的效率。

3. 我们分配时间的方式，决定着实现目标的路径

在谈时间管理之前，我们先来看一个更宏大的问题。

我们试着扪心自问：自己到底要的是什么？

这个问题的答案，对应着我们想要抵达的目标。

然后，我们接着问自己：确立了这个目标之后，我们将会用怎样的方法去实现？

我们分配时间的方式，决定着实现目标的路径。

我发现，很多职场新人觉得时间局促时，常常可归为以下三种情况：

现象一：

子墨是一个典型只做事不思考的职场人。对于接手的日常工作，不太爱动脑思考，也不太愿意学习新知识。因此，他的工作总是差强人意，常常为了处理突发情况，耗费更多的时间去做补救工作。

与子墨一样，我们身边有很多人，从来没有统筹规划的思维。他们对时间没有什么深入的概念，只是事到临头的应付差事，事后往往需要花更多的时间去弥补所造成的错误或不足。

对于这种情况，我们可以简单打个生活中的比喻，譬如，如果我们对日常饮食不加控制管理，随意对待，很可能会导致肠胃疾病，当我们的身体不堪负荷时，就不得不花更多时间在治疗上。

对于职场人子墨来说，因为他对工作从来没有进行过统筹，所以他每次都要花更多的时间去做补救。这导致他的全盘计划总是"梗阻"，问题越积越多，使他在工作中不堪重负，精神上也显得疲惫焦虑。

现象二：

青阳是一个不愿意花费心思提升自我的人，他认为机会大于实力。只要站在风口上，猪都能飞起来。看到甲工作赚钱，他就赶紧打听自己有没有进入甲公司的机会，看到乙公司起来了，他对乙公司又有些心动。

他懒于思考到底什么适合自己，不愿意在提升自我的技能上花时间，而愿意满世界去找门路。

在甲乙公司都拒绝他之后，他感到很伤心，认为"这个世界都被有钱有资源的人把控着"，自己根本就没有机会。

其实，他并不是不努力，只是他的努力没有用到该用的地方。

现象三：

伊菲是个令老板放心的职场"老实人"。她不研究职场潜规则和门道，也不太爱表现自己，永远兢兢业业地工作。

遗憾的是，她看上去永远处在忙碌的工作状态，却没有取得多少具体的成果。

不知为什么，她明明在工作中消耗了大量的时间，效率却永远上不来，工作的推进十分缓慢。

她所在的公司，反而是"懒人"们比她发展得更快，他们为了少干事，会把时间花费在研究更高效的方法上，"勤快人"却吃亏了，因为他们总是把时间用在不加思考地做事上。

其实，以上的三种现象，都揭示了同样的问题。他们三个人都不明白自己应该做什么，他们未能将时间分配在工作中的必为事情上：

子墨没有在工作实践中提升解决问题的能力，也不会统筹规划工作。当碰到一项紧急困难的工作时，他没有能力又好又快地解决问题，只能耗费大量时间手忙脚乱地应付。

青阳则无法厘清自己现阶段的位置，找不到自己当下的重点。在他不具备职场竞争的实力时，盲目制订了高目标。

伊菲在工作中蹉跎和消耗的时间，远远大于她高效利用的时间。她不知道工作中哪部分是重点，哪部分是可以发挥资源优势，利用平台资源去完成的。

要想真正成为时间的主人，我们应该学会合理分配自己的时间。一个人要想实现自己的目标，就要看你为这个目标花费了多少时间。因为我们如何分配自己的时间，恰恰决定了我们实现目标的最佳路径。

按照时间管理的四象限法则，会把事情分为重要且紧急、重要不紧急、紧急不重要、不紧急不重要四类。

有人对解决问题的情况做过一个排序：我们应该先做重要且紧急的事情；接着是重要不紧急的事情；再次是紧急但不重要的事情；最后是既不紧急又不重要的事情。

这个排序大部分人都能理解，也能复述。但在真正的行动中，我们常常优先做的是"紧急的事情"，不管它重不重要。

一个项目很可能在我们拿到它的时候并不紧急，但在我们蹉跎时光的时候，它的紧急度会随之增加。这是造成我们焦虑和混乱的重要原因。

比如，你知道"花时间学习"这件事情很重要，可是它并不紧急。

于是，你从来没有固定时间去学习，直到有一天因为不学习吃了大亏，你才会意识到学习的紧急性。所以，最好的方式，就是不断用明确的意识和行动，强化"不断学习"的重要性。

再比如，在我们拿到项目的第一时间，提前花时间思考对比问题的几项解决方案，就能提高后续的工作效率，但是我们宁可在后面的时间里反复蹉跎时光，也不愿意在第一时间对其进行思考和分析。

如果你还是常把"没时间"挂嘴边，那么请你好好思考一下，你的时间到底是怎么安排的？你的工作到底有没有重点？其实找到工作的重点并没有那么难，我认为二八法则就能够很好地体现。80%的工作成绩是20%的关键任务带来的，优秀的职场人就是要找到这20%的关键任务。这些关键任务究竟该怎么找？如果自己不知道，可以向优秀的老同事或者领导请教：如果我每天的工作只能做5件事，你觉得最重要的5件事是什么？

这个问题还可以进一步深化。我们可以思考自己的人生规划：你到底想要成为什么样的人？希望过怎样的生活？我人生最想要实现的5件事是什么？对于这个目标，你付出了什么样的努力，有什么样的路径去达成？

我想，对每个人而言，这个问题的答案都是不同的。

当我们有能力分清什么该为，什么不该为时，我们的时间自然就会花在我们认为重要的事情上。而你也会为了这个目标去找方法，合理安排自己的时间。

4. 在最有价值的时间做最有价值的事

　　我在招聘时，经常问很多面试者在特定的场景中一些关于时间管理方面的问题。有意思的是很多人给的答案令人摸不着头脑。

　　下面我们具体分析其中一个场景：

　　明天要开销售会，你作为主讲人需要准备资料，而且需要对这些材料熟悉吃透。恰巧在今天老板想要一份你上个月的销售报告，准备第二天在出差路上看。而同事临时有事请假，请你代劳帮忙接待一下他的客户。老婆有事，下午四点半以后，要你去学校接孩子放学。

　　请问如果你是这个销售员，你怎么安排这一天的时间？

　　面试者中，回答先准备老板要的资料的占多数，他们一般的逻辑认为老板安排的事比较重要。

　　对其他几项的排序则各有侧重。

　　虽然他们给出的理由看似成立，但是身为一个职场"老鸟"，我认为他们还是没有抓住事情的本质。

正确的时间安排应该是，上班后先花10分钟跟同事交代，让他的客户下午三点半到公司，用半个小时接待客户。然后集中上午的时间，准备第二天会议的资料，在下午两点半前完成资料的准备和熟悉。接下来花半小时调取上个月的销售报告，打印装订，送到老板办公室。然后接待同事客户，最后去学校接孩子放学。

其实作为一个销售员最重要的工作就是准备第二天的会议演讲资料。这个资料不单单只是准备出来，还需要对资料有深度的梳理和理解。

上述例子，并不是一个时间分配的范例，而只是为了说明时间管理的一个理念：

在相对集中的时间里完成最重要的事情才会是职场人士对时间最好的管理。

针对上述的场景，面试者的答案各不相同，也就是每一个人的时间分配各不相同，他们如何分配时间，取决于他们对时间管理的认知。

要想获得最大的成就，一定要在最有价值的时间做最有价值的事。

一个人的时间用在哪里，是能看见的。

一天中精力最旺盛、注意力最集中的时间要分配给最需要专心的工作，比如那些需要逻辑思考的事情。而其他的机械运动，不需要大脑高度配合的工作，就可以放在精力不太充沛、注意力不是太集中的时候进行。

就像是在此前的场景中提到的调取和打印销售报告，这些工作都属于机械运动，不需要大脑的高度配合。而需要逻辑思考，深入理解的工作，比如场景中提到的整理和吃透演讲材料，这些需要大脑深度思考的工作，则要在一天中精力最好的时候去做。

说到这里，很多人肯定又会迷茫，我只是一个职场菜鸟，我怎么知道我应该做什么、不应该做什么呢？更重要的是，我并不知道哪些是对我有用，应该优先分配时间的事情。

很多时候，我们并不是因为想做却做不好而痛苦，而是因为找不到处理问题的捷径而痛苦。

当我们为自己必须要完成的事情排序时，你会发现，即使这些事情都很重要，但是也有轻重缓急。

如果你对如何分配时间感到一筹莫展时，可以尝试从以下几个方面来解决：

首先，要学会列出自己的时间清单。这个时间清单并不需要规定自己在什么时间点一定要做完什么，严格卡着时间表进行；而是说，我们需要把我们在某个时间段内必须做完的事情列出来，排列出主次，同时观察自己完成这些事情的效率。

如果一件事做起来很简单，随手就能完成，我们也可以先把它做完，让自己从完成度中获得信心。

如果一件事情做起来很难，但是我们还能攻克，先做起来总比等待要好。

如果一件事情我们确实需要别人的帮助，我们可以先筹备，待时机成熟再解决。

在处理这些事情的实践中，我们可以慢慢总结哪些部分是需要学习补充的。然后，带着目标去学习实践，就会事半功倍。

其次，利用碎片时间来做一些简单的事情。比如，等车、排队时，我们可以集中回复邮件，回复客户的微信，构思会议发言内容，等等。

再次，每天早上上班或者预备进入学习状态时，不妨花一点时间，把一天该做的事情排好优先次序，并要求自己把当天最重要的三件事做完。

我们每天都会面对各种各样的突发状况，也常常需要紧急处理一些琐事。但要记住，这些琐事不能成为我们生活的主流，我们需要厘清自己最重要的事情是什么，应该将它推进到哪种程度。

最后，运用二八原则，分清自己的高效时间和低效时间，然后分配自己要做的事。利用最高效的时间，20%的时间投入就能产生80%的回报；而低效的时间，80%的时间投入只能带来20%的回报。

除此之外，我再提供一个方法，就是提升我们的"时间颗粒度"。

什么是时间的颗粒度？时间颗粒度，就是一个人安排时间的基本单位。

2016年，网络上疯传了一张王健林的日程表，上面有这么一栏：12:45-13:00　海南领导会见　。王健林的时间颗粒度是按照分钟来计算的，和海南省领导会见很重要，因此他给这次会见留15分钟。

我们都知道特斯拉的创始人埃隆·马斯克是世界级的大忙人。他管理好几家公司，不但造汽车，还要发射火箭。他最关键的时间技巧就在于：他把一天的时间分成一系列的5分钟来使用。譬如他经常在开会中吃午饭，一般吃午饭的时间控制在5分钟或者5分钟以内。一般人不怎么关注短短的5分钟时间，过去就过去了；而埃隆·马斯克以5分钟为单位的工作法则让他基本不浪费任何时间。

如果你想提升你的时间颗粒度，我建议以半小时为一个颗粒，半小时后就适当切换任务。

以上时间分配的方法能够使我们可以找出自己的高效时间和低效时间，在最高效的时间里完成回报率最高的事情。在相对低效的时间里完成不太重要的事情。相信你肯定能够掌握什么时候该干什么事。

5. 人一生的结果，本质上是一次次取舍的结果

"我每天一睁眼就有很多事情要做。"

"为什么杂事这么多？我感觉自己每天都疲于奔命，四处救火，在处理各种各样的琐事。"

职业精英研修班的学员晓雪向她的职业辅导师倾诉自己的烦恼。

那年，她从公司辞职时，原本认为自己成为一个自由职业者后，每天都会有完整的可支配时间，但当她真的辞了职，却发现自己每天的时间被各种各样的杂事占满，自己写作的时间不增反减。

从前在职场，她每天除了工作之外，还能抽空学琴、做菜、写作。现在辞职做了家庭主妇，却整日觉得疲惫不堪，节奏似乎比以前上班的时候更快。

"你每天都在做什么？"职业辅导师问她。

晓雪烦不胜烦地一一细数，"接送孩子啊！八点钟起床做饭，路上花费一小时，每天要往返两趟。还要买菜，做家务，辅导写作

业，根本没有闲下来的时候。我特别羡慕那些生活单一，没有杂事，可以一心一意搞创作的人。"

辅导师说："其实，每个人一天有效时间的总和是一样的，人与人之间的差别也不会太大。你觉得自己每天的时间都被琐事所消耗，是因为你不会拒绝琐事。"

晓雪回想了一下，发现自己确实如此。日常生活中，朋友常常会被各种各样的琐事缠身，她无法放下琐事，所以也很难集中精力去做自己的主业。

比如她正做家务时，突然收了一个快递，她确认快递收货时，会被手机上的某个消息吸引。等她刷完了手机再抬头时，发现一个下午已经过去了。

大部分人都是如此，他们理解的时间不够用，是发现自己每天看似忙碌，但所有事情还在原地踏步，没有完成度。

其实，我们和那些厉害的人的一天别无二致，同样是24小时，但他们却能有意识地控制自己消耗在琐事上的时间，将大部分时间投入到自己真正想干的事情上。

成功的人，就是选择做好一件事，做精做专。正是他们放弃了很多，才会取得那么高的成就。人生的结果，实际上是一次次取舍的结果。

譬如，当他们在规划一天的工作时，会预先规划自己一天当中最应该做的事情，再找到自己不得不做的事情，保证了这两点后，剩下的事情其实可做可不做。

比如家务、辅导作业、买菜，其实这些事，安排得当并不是必须每天都去做。

如果所有事都想做，没有"不为"清单，即使我们是超人，也难把事情都做好。毕竟，人的精力是有限的。

许多故事告诉我们，只有自律的人才能得到真正的自由。我认为他们所说的自律，并非一个人24小时都高度集中精力去学习、工作。而是我们应该学会拒绝，拒绝被那些琐事所干扰，将主要精力都用在必须要做的事情上。

我曾经观察过我的一位前领导，她是一个真正自律的人。她的一天是如何度过的呢？

首先，她会事先找出一天中哪些是必须完成的事项，规定好时间节点。中午她会休息一小会儿，以便下午能集中精力去投入工作。因为她的安排张弛有度，所以既没有临时抱佛脚的无措，也没有手忙脚乱的虎头蛇尾，反而让人看到她的有条不紊，生活很有节奏感的样子。

其实，时间的管理在于你一天真正投入心力做了多少事情。

曾经有人说过，治疗丢三落四最好的方式，就是在大脑之中厘清什么该做，什么不该做。然后把所有的东西放在固定的地方，当他们井然有序时，你就不会在小事上浪费时间。

可见，在同样的时间里，一个心智程度更高、更愿意自我管理的人，比一个心智能力低下，注意力容易被外物打断的人，效率要高很多。

时间管理的意义就在于此。时间对所有人而言都是一样的，区别的只是人的心智。试想一下，当我们在外力的约束下工作时，只要我们愿意投入心力，一年下来，会发现收获颇多。

不管我们在工作以外干什么，在工作时间内，因为我们是受雇于公司，所以必须完成分内的工作。在这样的内力和外力驱动和约束下，我们工作的8小时就会很高效。经年累月，这一个又一个的8小时就会产生预想不到的效果。

此外，你有没有发现，当一件事的截止期限来临时，你比以前的效率要高得多？因为这个时候，你的注意力也要集中得多。

真正的时间管理，就是集中精力做最高效能的事情，把其他无关的杂事尽量规律化，让它不会影响到我们的主要目标。

天天喊着时间不够用，却不愿意改变自我的人，是无法管理好时间的。

你想要什么样的生活，完全在于你作出了什么样的选择。很多时候，并不是你不愿意好好经营自己，而是你无法舍弃那些阻碍你变美或者变好的坏习惯。

不要认为把七色光混在一起，就可以得到五彩斑斓的颜色，其实七种颜色混在一起是无色透明的。生活也是如此，你想要的越多，欲望越大，距离你想要的生活可能偏偏越远。

时间对于每个人都是公平的，每周168小时，不多不少。你未来是什么样子，就在于你人生中的一次次取舍。有的人用来刷剧，那么他得到了感官的快乐；有的人无所事事，那么他会感到无尽的虚空；而有的人却用来做有意义的事，那么她将会不断提升，在未来的某一时候绽放出绚丽多姿的色彩，为自己的人生披上七彩霞衣。

你不能增减时间的长短，只能在有效的时间里，更多地选择有意义的事，提高自己的效率，才能在有限的时间里，打造你想要的生活。

Part 2

没有时间，
只是因为不重要

善于管理时间的人，往往有着强烈的自我驱动力。

正是这种自我驱动力，令他们在对待一件事时有着强

烈的专注力。

1. 你不仅要看上去很努力，
还要规划加持

　　我接触过三个人，这三个人都挺努力，都给自己定了目标。第一个姑娘希望能够考上梦寐以求的名校研究生。第二个姑娘希望一年之内减肥20斤。第三个小伙希望能够追到自己喜欢的姑娘。

　　三个人为了自己的目标都各自努力着。

　　想考研究生的姑娘，每到周末很早就去图书馆占座学习，很晚才会回到宿舍休息。有的时候回到宿舍，还会继续学习到很晚，看着日渐消瘦的她，我真的觉得她非常努力。但是一次听她同寝室的人说，她晚上开夜车，白天去图书馆几乎都在睡觉。虽然她看上去努力在实现自己的目标，可是最终还是没有考上自己心仪的学校。

　　想减肥的姑娘，宿舍床旁边，写满了减肥的口号，微信头像也换成了：不瘦20斤不换。她减肥刚开始非常痛苦，拼命运动，拒绝全部零食。但是每当站在体重秤前，看着自己的体重，仅仅减少了一点点，她就满腹委屈。后来听说每次饿了就偷偷打开饱腹的膨化食品，有人劝她说不是要减肥吗，少吃点那些垃圾东西。她说先吃饱了再减。

想追求姑娘的男孩儿，自打定下了目标后，就开始发起各种猛烈的攻势，当姑娘渐渐对他产生好感，准备接受他的时候，却因为一次小事，姑娘彻底失望了。一次姑娘来例假，说肚子很不舒服，男孩却在电脑前疯狂地玩着游戏，仅发了一句"多喝热水"。最终女孩儿拒绝了男孩儿的追求。男孩儿一直不明白，我已经非常努力了，为什么还不接受我。

三个人同时失败，都是因为看起来很努力，却未曾真的努力。考研的姑娘，晚上不睡觉开夜车，白天大好时光却睡觉，在别人看起来是很努力，其实这是本末倒置。想减肥的姑娘，口号喊得响，各种拼命减肥，确敌不过自己的惯性。追求姑娘的男孩儿，以为很努力地在关心姑娘，其实只不过是自己自私下装装样子而已。

有些人只是看上去非常努力，是因为他们没有真正的利用自己的时间。但是有些人已经确实很努力，为什么依然取得不了成就呢？

美国经济学家穆来纳森和心理学家沙菲尔发现：穷人之所以越来越穷，并不是因为他们不够努力，相反，他们非常辛苦。但他们努力的方向很成问题：他们只是机械地重复自己认为对的事情，而对于哪个阶段应该把握什么样的重点，却没有任何选择和思考。正如流水线上的工人，他们几乎一天24小时都在干活，但这只是重复性的劳动，这样的努力并不能真正为他们带来财富。

念书时，我们总会遇到这种人，恨不得一天24小时都努力上进，但是成绩却始终平平；进入职场，我们也会看到，每个公司都有玩命加班的人，但是他们除了经验叠加，对工作并没有质的提升。

我朋友的一个学生非常勤奋，但成绩一直不太好。为了敦促自己努力，他为自己制订了一份详细的学习计划。这份学习计划从早安排到晚，几乎没有空余时间和弹性空间。

我告诉他，这份学习计划应该适当调整，至少要留出充分的时间来思考总结，对自己这一天的学习内容进行复盘，然后总结计划第二天应该做的事情，他却没按我说的做。果然，没过多久，他就坚持不下去了。

我再次告诉他：人不是机器，我们需要对自我进行管理。我们应该认知自己擅长的部分，对这个部分要重点规划、重点管理，其余时间处理一些次要的事情。

时间管理的第一步，不是要一口气吃个胖子，而是要厘清主次，知道我们最擅长什么，再集中精力向这个方向努力。

时间管理的第二步，是在厘清自己需要什么之后，留出专门的时间思考总结，让自己在前一步的基础上有所提升，有所进步。

这和大部分所谓努力的人秉持的观点不太一样。那些恨不得把一天24小时都用上的人并没有真正做到管理时间，而是出于一种懒惰的心态，不愿意思考自己的人生，不愿意观察自己面对的世界，只是妄图用机械地重复来减轻自己的焦虑感，我们要有效的思考才能够避免无效的努力。

要知道，真正意义上的"管理"，是需要深度思考，并且进行长期规划的。

美国著名的哈佛大学曾经做过一个研究，他们找了一些青年样本。其中 27% 的人没有人生规划，60% 的人有非常模糊的人生规划，10% 的人有短期规划，只有 3% 的人有长期规划。

二十五年之后，那些对自己人生有长远规划的孩子，几乎都成了社会顶尖人士；有短期规划的都成了中产阶级，例如医生、律师等；有模糊规划的人生活在社会中下层，自己本身没有太高的社会地位，但又特别希望孩子有出息，代替自己完成人生目标和人生理想；完全没有规划的人成了社会最底层，整日怨天尤人。

那些做着大量机械重复工作而没有实质性效果的人，他们没有用脑，也没有用心，所以不会产生显著效果。

时间是公平的，每个人一天都有 24 小时，时间也是不公平的，有的人用这 24 小时创造出数倍的价值，有的人却用这 24 小时走完了一天的过场。

他们之所以没有成功，并不是他们不够努力，而是没有花时间来思考自己未来究竟想要什么样的生活。有一个清晰的长远规划，就能够对你的未来形成很好的加持。

所谓的人生规划真的没有我们想象得那么复杂，并不是让我们设定一个明确的人生目标，然后为这个目标划定一条路线，照着这个路线走就是人生规划。其实这样的路线几乎是不存在的。

那什么是规划呢？就是认准一个大方向，然后基于这个大方向，选择当下对自己最有益的事情去做。

我们个人发展学会职业精英研修班一位叫祥子的学员，他的故事就非常励志。

祥子家庭环境不好，专科没读完就不得不出来打工。刚来到广州时什么也不会，他只能选择送快递。

祥子通过添加微信向个人发展学会职业辅导师进行求助，希望辅导师给他一个清晰的规划。他只知道自己不能一辈子送快递，可是他能干什么，职业世界又有什么，对此他几乎一无所知。

后来在职业辅导师的帮助和引导下，他开始一步步行动起来。

经过探索，他觉得程序员的工作体面，又相对较为了解，因为他总给一家公司的程序员们送外卖。一来二去他和很多程序员混成了熟人，于是找机会请他们吃了顿饭，让他们帮忙推荐几本书。此外，他还报了线上课程进行学习，每周一有时间他就去这家公司向人请教代码。

刚开始他的程序写得不好，有些程序员就看他笑话，嘴上说"干得好"，其实是半嘲讽半搪塞。后来时间一天天过去，他编的程序竟然能实现一些功能了。辅导师鼓励他一边学习一边投简历，可是简历基本上都石沉大海，但是他没有放弃。

直到某天，那家公司一个程序员离职，老板不肯出高价招人，而找来的应届毕业生都过不了测试。这时老板想到了他，让他来做测试题试试，万万没想到，他全都做出来了，就这样他被顺利录用。

当时那家老板开的条件确实苛刻，月薪才4000元，做六休一，也没有五险一金。面对待遇，祥子很犹豫，毕竟他送快递一个月也有八九千元。但是辅导师坚定了他的信心，毕竟对祥子来说，这是一份正式的程序员工作，是一个新的开始。简历上有了相关工作经历，他以后再找工作就不难了。

后来祥子做了一年多的程序员，表现很好，最近正打算转岗做产品经理。

祥子的故事很典型，他会规划自己的人生，懂得选择最重要的事情，并且一以贯之。他知道通过努力，用一个选择来换下一个更好的选择，其实厉害的人都是这么一步步走过来的。

2. 行动前思考，别让时间辜负了你的努力

　　你或许听过这样一个故事：子睿和明洋同入职场，领导安排他们去市场上看看土豆的价格。子睿将土豆的价格如实汇报给领导，而明洋则思考了三步以上，他不仅洽谈了土豆价格，还货比三家，最后选了一家性价比最高的销售人员，将其带回来与领导面谈。

　　从这个故事，我们可以看到优秀者的一个侧面——真正优秀的人才在做事前，更习惯分析和思考，走一步能看三步。他们善于给问题找答案，又懂得总结规律，举一反三，所以一次能解决好几件事。我常常说一句话，一个人在思维上走得越深，在行动上走得越稳。

　　现实生活中的大多数人，从学校开始就习惯被老师安排学习路径，进入职场，他们又被上级要求完成各种任务。他们很少自己动脑思考，也很少主动寻求自己想要干的事情。他们的人生很被动，只能是亦步亦趋地跟着别人的指挥棒走。

　　久而久之，他们就会发现，自己累得像条狗，却又什么都没做好。技能上没有提升，工作中也没有晋升的可能性，最多只能算是个熟

练的打杂工。

优秀者则不同。他们行动前往往更善于思考，同样24小时，他们的时间利用率要比普通人高得多。

他们深度理解了学习这件事。同时，他们的学习节奏由自己掌控，在单位时间内妥善配比学习的内容，绝不等老师指派。

其实，我刚参加工作时，内心也非常排斥自己动脑，现在想来知道这是什么原因了。因为思考不仅很累，而且思考之后的结果也不一定正确，这样反而不如不思考，这是很多职场人不爱思考的原因。

当时的我只是等待别人给我资源，为我指派任务，而在等待过程中，如果别人没有新任务给我，时间基本就被我浪费蹉跎掉。

然而，我的上司却总能很快从项目中找到核心点，一针见血地指出问题所在，并提出解决方案。

我一直在思考自己的问题出在哪里。后来，我开始模拟上司思考和观察问题的方式，变被动为主动。

通过对她的模仿和观察，我发现，她在行动之前，会将各方面问题先深度思考一遍，同时，对一些可能出现的问题做了预估，还列出了备选方案。并且，对未来需要达到的目标，她也会提前做出计划。

为了向她学习，我也开始试着提高自己的时间利用率。

首先，在单位时间内，我尽量把自己能做到的任务做到最好，考虑周全，避免重复修改浪费时间。其次，我会每个月为自己制定一个工作目标和学习计划，有意识地收集这方面的信息。最后，清晰地认知到自己的问题，并带着解决这些问题的目的再去学习工作。

变被动为主动后，我发现工作中自己能解决的难题越来越多，工作起来也越来越得心应手。通过主动参与，我开始知道工作的关键节点在哪里，不但绩效明显提升，还缓解了工作中的压力。

这件事让我想起了两个做公众号的朋友。

他们每天都要花费大量时间写作。不同的是，一个朋友越写粉丝越多，而另一个朋友却越写越没劲，越来越没有人看。写到后来，第二个朋友自己也写不下去了。

其实，他们的勤奋度并没有什么区别。造成这样的差异，主要问题是出在他们对公号的理解程度上。对于那个业绩好的朋友而言，他并非盲目地埋头苦写，而是在调查了大量的公众号之后，确定了自己的公众号定位，理解了公众号用户的主要阅读方向，进而有针对性地打造他们需要的选题。而另一个朋友并未做市场调研和统筹规划，只是盲目地写一些自己当下的感悟以及对某个事件的理解而已。

他只是做了"写"这件事，并没有进行写作前的准备和思考。其实，公众号作为一种媒体，受众也是其中重要的一环。

真正的优秀者，善于做战前思考。他们会带着解决问题的心态去钻研，同时全力投入，因此在单位时间内，他们的效率会比普通人高很多。其实有效的思考真的没有多难，无非就是认真回答这样几个问题：这件事还有没有更好的做法？谁可能知道更好的方法？别人会怎么看待我正在做的事情，高手会提出什么样的意见呢？

影响一个人学习效率的地方就在于此。将主要精力投入到一个方向，就像不停地在大脑拓宽思维跑道一样，到最后你会发现，随着跑道的加宽，在处理同类事物时，你的思维只会越来越敏捷。而那些等待别人指示，自己从不动脑思考的人，只能做一些机械运动。这种学习方式和工作方式提升的空间太小，不能为自己带来突破性的进步。

这个世界上的绝大多数人，之所以感到自己一生大部分时间都被蹉跎掉，归根到底是因为他们没有创造性思维，不能一次又一次地自我突破。做事情前不愿意思考和分析的人，浪费了时间，辜负了自己的努力。久而久之，他们将不愿意面对陌生的、需要投入学习和耗费脑力又担风险的事，从而失掉自己探索世界的主动性。

无论在学校还是在职场，那些真正优秀的人，总是先思后行，在自己的专业领域，都有很强的掌控感。他们去成长、探索，愿意把时间和精力都用在刀刃上，他们是解决关键问题的人。如何在开展有效行动之前进行思考呢？很多人会做计划，但又觉得计划赶不上变化，其实你的计划里面并没有包含变化。如果你在做事情的过程中遇到了阻碍该怎么办呢？我经常用woop原则处理。为了让自己能够完成一些事情，我们经常会给自己制定计划，但也很容易轻易放弃，因为我们在制定计划的时候，大多只有一个笼统的概念和想法，并没有想过执行过程中遇到问题的时候该怎么办。woop原则就是在我们的大脑中提前植入一个程序，在做事情之前就先设计好遇到阻碍时的解决方案。

什么是woop原则呢？它其实就是四个英文单词的缩写，这四个单词对应的中文意思分别是：W：愿望，做一件事情的期待；O：结果，这件事最好的结果是什么；O：障碍，做这件事遇到的障碍是什么，P：计划，遇到障碍后的计划是什么。这个原则最后的两个字母O和P其实就是"如果……就……"的意思，就是"意外执行指令"，让你在遇到问题的时候也能持续进行下去。

在工作和生活当中我们如何使用woop原则？

工作和生活中，我们经常会偷懒，拖延症泛滥，这时候你就可以在做这件事情之前提前设计好"如果……就……"的机制。比如有时候我回到家，本来是想让自己再工作一会儿，但有时候实在不想工作，这时我会拿出之前准备好的机制应对："如果我回家不想工作，我就看看最近买的新书"。有了这条"意外执行指令"，我通常就会看书，而不是看剧或者刷抖音。再比如在执行计划的时候，临时遇到障碍，类似本来这周要完成方案，但是由于事情多我没有完成，这时，我也会启动"如果……就……"的机制。如果没有完成，我就主动和相关同事沟通，告知他们我的完成时间，这样就不会做事不了了之了。

真正优秀的人，往往是那些用大脑控制行为的人。

在这个世界上，很多人心怀远大目标，想要成为某方面专精的高手，却总是不得其门。他们受挫之后就选择回避，此后的时间只是重复过去熟悉的路径，很少再去探索新的领域。

时间公平的地方就在于此。我们可以欺骗生活，但是无法欺骗自己。在同样的时间里，我们克服了多少困难，解决了多少问题，我们就能有多大的成就。

所以，当你觉得时间辜负了你的努力时，可以停下来看看，认真思考一下，你对时间的利用率怎么样。在同样的时间里，你是在重复自我，还是在攻克难关呢？

3. 发现内驱力，不把时间浪费在无谓的事情上

我的一位学员杨杨大学毕业后，顺利进入一家国企从事建筑设计工作。从最开始的实习生熬到了如今的老员工，还提了部门主管。虽然薪水比之前多了数倍，但她还是希望能够继续晋升。

然而，随着公司高端人才的引进，部门来了一位资历不错的工程师，人很年轻，喝过洋墨水，很多新技术傍身，一入职就和她平起平坐。因为部门经理面临退休，他们之间的竞争也越来越白热化。原本十拿九稳的升职，如今却让她倍感压力。尤其对方还承揽了很多的新项目，让她更加明显地感到事业进入了瓶颈期。

可是，从无名小辈到如今身居高位，杨杨早已过了黄金学习期。再加上对手来势汹汹，接连几个项目都特别出彩，反而是杨杨这些年身居管理层，不在一线，专业技能落下了许多。多年的安逸习惯养成了她四平八稳的官僚作风，工作不求出彩，但求无过，这样使她处处落于下风，逐渐被对手碾压。公司高层对她很是不满，频频

对新人抛橄榄枝。

对此，杨杨着实恐慌。年近四十的她不得不重新开始考虑学习新技术，比如英语。然而，丢弃了多年英语的她一看到单词就头疼，短短一篇国外论文，光是专业单词就够她查半天，更别说理解研究了。所以，她没坚持多久就把学习新技能的事情搁置了。

后来，她考虑到自己多年来从事管理工作，或许可以剑走偏锋，提升管理能力，搏一搏运气。于是，她买来大量管理精品课和书，可是看不了几页，就又昏昏欲睡了。而且遇到新名词和新理论时，她又常常拉不下脸请教别人，问题全都不了了之。可以说，这次的学习提升不但没起任何作用，反而因为忧虑，常常让她焦躁不安。

工作五六年，每天重复着同样的工作，激情磨灭，臆想中的薪资待遇也遥遥无期。就在你纠结跳槽还是自我提升时，你突然发现自己学习能力退化，或者坚持不了几天就又丧失了学习的动力。

尤其当你看到周围同事都在聊天、刷抖音时，你又忍不住宽慰自己：算了吧，明天再学，反正现在死活看不下去！于是，时光就这样在你不宽的指缝里慢慢溜走，你也终于从曾经的五好青年混成了如今的油腻中年。

杨杨的困扰，其实也是大部分职场老员工的心声。刚入职场，作为菜鸟的你信心满满，不管做什么都会努力向前冲。因为在你的潜意识里，如果不好好学习，努力掌握必需的技能，就意味着丢掉饭碗，下个月的房租就会没有着落。强大的求生本能是你的驱动力，驱使你全力以赴地完成哪怕艰巨如山的工作。比如遇到难题，你会主动请教，积极翻阅资料，想尽一切办法去解决。

有了刚性需求，你就会有极大的勇气披荆斩棘，平稳渡过实习期。所以，职场新人往往不存在这个困扰。反而是那些有了一定地位资历，生活平稳，且工作了几年的"老鸟"会因为安逸丧失原有的内驱力。

何为内驱力？简而言之，就是内心驱动自己一定要采取行动的力量。就像灾难片里的死亡威胁和饥饿威胁，你不努力，就要被淘汰；你跑得慢，就只能被怪物所吞噬。有了求生渴望，你才会在生死关头爆发出惊人的战斗力，这就是一个人原始的内驱力。

那么，强大的内驱力从何而来？我们看了那么多名人传记、经典语录，常常被他们坚韧不拔的顽强和持之以恒的坚持所折服。我们震惊于他们强大的自律、坚持，却忽略了他们最关键的内因——内驱力。

这些内驱力可以来自原生环境、兴趣爱好，也可以是性格使然。这也是贫民学子往往比家境优渥的子弟更刻苦的原因：他们面临最迫切的愿望就是改变命运，摆脱贫穷，进而改变整个家庭的命运。

可如果原本恶劣的生存环境在经过几年的奋斗之后，发生了一些变化，促使你奋斗的原始内驱力有所减弱，很多人就会出现懈怠及迷茫的情况。一旦危机来临，马上面临的就是被淘汰或被边缘化。

善于管理时间的人，往往就有着强烈的自我驱动力。正是这种自我驱动力，令他们在对待一件事时有着强烈的专注力。他们从不会把时间浪费在无谓的事情上，他们的内驱力促使他们只专注于重要的事。

在团队里，核心的人员是一个队伍的主心骨，他们永远知道出了问题应该如何解决，永远可以想到新办法，就像一个自发光体。

他们热爱工作，有着强烈的内驱力，促使他们对奋斗保持着长久的激情。

内驱力从哪里来？其实恐惧和期待都能带来内驱力，但是长久的内驱力还是来自期待。恐惧毕竟是消极的，它会随着行动以及环境的改变而减弱，但是期待却不会。当我们期待更好的生活，期待更有趣的体验，期待更完美的作品时，则会有无穷的动力。

你之所以做不好一件事，不一定是因为自己不努力，所以，你工作了那么久，一直默默无闻，不被领导重视，其实很大一部分原因是你并没有思考过这个工作最令你感兴趣的地方在哪里、你为什么要选择这种生活、还有哪些是你可以改进的地方。

狼性文化是华为非常推崇的团队精神。因为狼的嗅觉灵敏，作战不屈不挠，不仅对自己狠，对敌人也狠。尤其在团队作战中非常凶悍，很适合企业团队协作。华为的狼性文化永远不会使自己过时。

而作为一个合格的职场人，不仅要时刻保持头脑清醒，不被安逸的现状所局限，还要随时随地更新软硬件，让自己时刻处于被唤醒的状态，枕戈待旦迎接新一轮的挑战。

当你蓄满了这样充满生机的内驱力，不论做什么都会给自己一个坚持的理由。即使再苦，也会咬着牙走完全程。

半途而废或是浅尝辄止，不是因为不努力，而是因为缺乏内驱力。所以你才会迷失在安逸的舒适圈，找不到未来的出路。

环境不会改变，解决之道在于改变自己。消极的人被环境控制，而积极的人却善于改变自己控制环境。只有发现自己强大的内驱力，不断寻找适合自己的出路，懂得扬长避短的人，才是时间真正的朋友。

4. 提高效能，
必须知道自己想成为什么样的人

　　一位常年做一线操作工的职业精英研修班学员阿乐很苦恼："我不喜欢现在的工作，天天噪音，油污。我喜欢管理类工作，可是我的学历只是专科，在看中学历的国企，我根本没有施展的机会。我想到外面去闯闯，可我的家人不同意，他们觉得国企稳定。我却觉得这样的环境是温水煮青蛙，不利于以后的发展。我现在特别迷茫，不知道该怎么做。"

　　阿乐知道自己硬性条件不足，利用业余时间报考网络本科，并顺利拿到了毕业证。在此期间，他自学办公软件和PPT 等知识。可是他依然无法改变现状，常常对未来感到迷茫和惶恐，虽然目前备考在职MBA，但他仍然不知道这个证书能否改变自己的命运。

　　阿乐的情况也是大部分职场人的心声：我不是没有目标，也不是没有付诸行动，可为什么学习了那么多知识和技能，却依然没有用武之地呢？

迷茫是当下很多职场人提到职业规划时频繁使用的词汇。在职场中，很多人时常会感到迷茫，原因就是对现状不满意——渴望得到公司重用、升职加薪等。有的人能够认识到自身的不足，通过各种渠道学习，努力提升自己。然而，当他坚持一段时间后，发现依然改变不了现状，就会更加迷茫。

为什么迷茫？是因为他们不知道自己未来想要成为什么样的人，该往哪个方向努力。想要充分利用自己的时间，提高能效，就必须知道这个前提。

要想在有限的时间里取得突破，首先就要找准定位，我想成为哪种人？从事哪项具体的工作？从事这些工作需要哪些专业技能？然后有针对性的、有目的性地去学习。当然，最重要的是先要有一个明确的规划，然后才是付诸行动。

所以，阿乐目前的困境不是读MBA 就能解决的，他需要重新梳理自己的人生目标，找准未来人生的定位。

当然，这只是第一步开始。接下来，他要做的不是去读MBA，而是要找一份类似的相关工作，或者助理，甚至是实习生。通过具体的职业体验，缩短通往目标的时间，为管理岗位做晋升的势能储备，一步一步逐级量化提升。

我的一位前同事，刚入职时做的是文员工作。她大学毕业后，在国企做了一年操作工，后因为结婚生孩子，不想再回到原来的工作岗位，于是跳槽。

记得刚入职时，她曾私下对我说，其实，她最想应聘的是生产部经理。可是，以她目前的学历和资历，根本没有可能性。所以她打算先做一名办公室文员，走"曲线救国"路线。

"生产经理和办公室文员之间的差别可是很大的？你不怕耽误了，没有机会吗？"

"事在人为，公司不是有晋升机制嘛！而且我也不是一步到位，下一步是做生产计划员，这样不就离我的目标更近了。"

果然，第一年由于生产系统人事变动，公司开展内部竞聘，她如愿进入生产部做了计划员。

当我恭喜她达成心愿时，她信心满满地告诉我："哪里？这才只是一小步，你知道我的终极目标是生产部经理。不过在此之前，我的下一步目标就是计划主管。等我把生产系统的情况全盘掌握了，就可以达成我的终极目标了。"

就这样，我们一起共事七年。从入职到如今，我还是一名基层技术人员，而她早已达成夙愿，成为雷厉风行的生产部经理，主抓生产的全面工作了。

在职场中，这样的职业诉求还有很多，但是真正能够落实到位并超出预想的职员凤毛麟角。大多数人还只停留在抱怨阶段，只有一小部分知道未来想要成为一个什么样的人，了解到自己的短板，愿意通过学习去提升。大部分人苦于没有真正了解自己内心的诉求，只能头脑发热地东一斧头，西一榔头。看到别人都在学PPT，考建造师，自己明明没有这方面需求，却也跟着凑热闹。知识倒是学了不少，但都是碎片化的，不成系统，根本无济于事。

一场没有目的的旅行，就像缘木求鱼，不得要领。而高效率的时间管理，就是对于自我的管理。要想达成自己所想要的生活，具体该怎么做呢？

首先，要结合实际，明白自己未来想要什么样的生活，根据自己的心理诉求和意愿，树立明确的目标。

其次，积极主动地搜集资料，全面系统地了解达到目标所要具备的能力和知识储备。

最后，将具体的目标逐级分化，细化到日常的每一个时间安排，明确到下一步应该做什么，不做什么，摒弃干扰项，集中时间才能达成所愿。

高效率的人，都知道自己想要什么，并为之努力奋斗。而大多数处于迷茫的职场人，很多时候恰恰不知道自己想要什么，就更别提会为了一个目标为之奋斗了。

有了目标，才知道往哪个方向努力。马云曾在一次演讲中说过，创业前要想清楚两个问题，第一，你想干什么，不是你父母让你干什么，不是你同事让你干什么，也不是因为别人在干什么，而是你自己到底要干什么。第二，你需要干什么，想清楚要干什么的时候，你要想清楚，我该干什么，而不是我能干什么。怎样帮助自己找到目标呢？我在职业精英研修班里曾经帮助过一位学员，她因为家庭和成长经历的原因，长期非常自卑。生于普通的家庭，就读一般的专科，在不知名的公司，做着基础的财务工作。在她入学时的学籍信息表里，因为从小到大都没有什么值得夸奖的事情，所以她一件也没有写。

我给了她几个可行的方法，这是著名的社会心理学家，第三代心理学的开创者马斯洛说的：

全身心地去献身事业，去做自己想做的事，把它做好。即使最终没有一直坚持，也不重要，重要的是听从自己内心，全身心让自己把一件事做得更好。感受到自己能力的提升，自我的成长。

对自己真诚，不自欺，不欺人，不装模作样，将内心的想法和自己的行动统一。想去做就去尝试，不想做就暂停，顺从自己的内心。

从小事做起，如果你感到迷茫和无助，只要你从小处做起，一点点尝试做你自己，你最终会走向创造性的人生之路。相反，如果你每次都委屈自己，强迫自己，那你就会在自责和恐惧的路上越走越远，越走越累。

马斯洛讲的意思简单来说就是：坚决去做自己真正想做的事情，

听从自己的内心，哪怕最终失败也不重要，从小事开始，找到为自己的人生创造的动力。

　　所以，不管你身处职场还是自主创业，没有目标的航行最可怕，因为你不知道明天会是什么样子。你对未来的规划越形象，形象到做什么样的职位、在什么样的办公室办公、有什么样的工作安排，那么你距离你的目标就越清晰，才能在有限的时间里将时间效用最大化，做更多有意义的事，尽早在职场中脱颖而出。

5. 摆脱拖沓，"做完"比"做好"更重要

公司突然接到了一个大项目，任务重，时间紧，领导火速安排，第一时间把任务分派下去。

可是，下班之前，干活利索的同事很快就能交作业了，而那些做事拖拉的人，仍然还在苦苦加班。

问及原因，她还颇为苦恼，"好多东西我不敢确定，总觉得方案不完美，这些东西都需要领导拍板。我现在还在查资料，不知道有没有这种先例，所以，推进比较慢也是可以理解的。"

其实，这位同事的勤恳踏实以及业务能力有目共睹，不怕苦，不怕累，愿意多干活，有过承担重大项目的经验和资历，但最大的毛病就是做事拖拖拉拉。倒不是她能力不行，而是胆子小，不敢做决断。所以，别人一天能干完的活，到她手里往往都要拖上两三天，直到领导实在催促得不行的时候，她才会匆匆选取一个方案上交。

曾经，因为她这种情况耽误项目进度，科室主任找她谈过话，让她做事不要总是怕出错，适当把步子放大一点，更有利于自己成

长，也能更适应公司的节奏。然而，谈话对她貌似并没有起到显著效果。大家忙完成手头工作时，只有她的案头仍然堆积如山。到最后，为了不影响项目整体进度，大家不得不帮她分担，一起加班加点。

做事拖拉的人，无外乎有这样几类：一类做事畏首畏尾，害怕被人嘲笑，对自己没有信心；一类是为了对抗工作压力，养成长期办事拖拖拉拉；另一类出于畏难心理，且没有相关知识背景。当然，还有另外一种人，他有能力，也不自卑，但想得多做得少，常常嘴上说得天花乱坠，却从未付诸行动。

同事遇到的工作瓶颈，还是"完美主义"从中作祟。他们的时间，常常就在犹豫之中流逝了。

小徐是一名婚纱影楼的修图师，从业多年，拥有很丰富的经验。工作中也很擅于发现问题并解决问题，而且他为人热心，愿意帮助新人，在团队中常能提出不错的想法和建议，实施起来卓有成效。

对于自己的未来和职业规划，小徐也十分清晰，他希望从事健康管理工作。他认为随着生活水平的提高，人们对健康和养生会越来越看重，这应当是未来职业发展的前景。他的不少想法非常前瞻精彩，常常听得人热血沸腾、激情澎湃。可是，当你问他实施得如何时，他却总是很不好意思地笑："为了实现目标，我报了很多大咖的课，不过却总是没时间看。"

"为什么？听听大师的课，不是挺好的吗？"

"白天工作忙，晚上还要带孩子，等孩子睡了，赶紧抽空看一眼，可是又因为太累趴着就睡着了。"

想法太多，却总是想得多做得少，是很多人的通病。

手头接到一个新项目，你的各种想法蜂拥而至，睡个觉都心潮澎湃，忍不住为自己精妙绝伦的大胆设想拍案叫绝。然而，等到你真正动手实施时，才发现这个不现实，那个条件不允许，挑来挑去，竟没一个合用的。花了那么长时间，你居然一点进度也没有。最后，不仅延误了交期，你连一个普通像样的方案也拿不出手。为什么会这样呢？

追本溯源，还是因为我们不懂得选择性放弃的道理。我们潜意识中很难接受世界上没有完美的事实，总觉得自己什么都想做，什么都能做好。

此外，我们常常对自我认知不太清晰，总认为不把一件事做到完美，就拿不出手。

其实，管理时间的第一步，就是要学会执行。

很多人说起别人来头头是道，但轮到自己常常会拖延很久，始终不能将答卷上交。有时我们明明具备做好事情的能力，却因为自我评估过低，即使能出色完成任务，也将其归结为运气好及别人的助力加持。这样的心理暗示过多，会让我们越来越犹豫，效率越来越低。

如果你大事小情都要早请示晚汇报，就会浪费大量时间，最后还不一定有结果。畏畏缩缩不敢下结论的表现就像职场巨婴，什么都需要别人拍板，什么都需要别人引导，什么都是领导让我怎么做我就怎么做，那么你就随时有可能被人取代。

摆脱拖沓的最有效办法，就是树立"做完"一件事比"做好"一件事要强的理念。

把一件事"做好"和"做完"的差别，就是一个人在时间管理之中心智能力的差别。

在基础能力差不多的情况下，我们与别人竞争的基础就是单位时间内执行力的程度。如果执行不到位，畅想得再好也只是空想，不能产生任何价值，那么，时间就会被你浪费掉。

不要小看这个"完成度"，真正有效率的人，不就是因为他们在单位时间内做完了更多的事情吗？

这个世界并没有完美的方案。我们先把一件事情做完，再从几个方案中选取相对完美的那一个。只有这样，我们才能把事情往前推进一步，才能最终完成任务。

如何能帮助我们做一件事情先完成再完美？我经常用敏捷行动法，这个方法包括两个要点："最小可交付"和"持续迭代"。当你面对一项任务的时候，"最小可交付"，就像你需要练习厨艺，先动手做出第一道菜，不要期待这道菜能有多美味，满足能够吃的条件就好。然后通过家人朋友的反馈，再"持续迭代"，也就是不断地学习练出自己的拿手菜。

　　当我们真正理解这一点，人生才可能发生质的变化，我们对时间的掌控感才会有全新的认知。

part 3

有所为有所不为，
只做重要的事

精心挑选有价值的事情，有时候，追求少反而更好。

1. 我们的选择塑造了我们的人生

　　前不久小长假我回了趟家，发小的母亲见我难得回一次，就请我爸妈去她家里吃饭。我发现：发小母亲买菜为了省钱，开了半个小时车到临市的超市，买回来一袋大白菜。

　　对于这种行为，我母亲却不觉得有什么奇怪，相反，她认为这是他们这辈人勤俭节约的表现。

　　我告诉她：表面看是节约，其实，算上油费和消耗的时间，这更浪费钱。

　　母亲愣了一下，在心中计算了一番，发现确实如此。

　　买菜只是一件小事，除却背后经济方面的考虑，我们还可以看出：每个人的时间分配情况，和他的人生重点有关。

　　母亲那辈人有很深重的饥饿记忆，因此，他们所有的思路都围绕着"省钱"这个重点进行。只不过，她们没有综合评估这一行为的整体支出成本，所以只能看见眼前的消费，不能看到背后的浪费。

从这件事中，我明白了一个道理——我们的选择塑造了我们的人生。人生的重点是什么，我们就会在上面花费多少时间。

因此，厘清什么是我们人生的重点，才是我们做决策的关键。

要想有效管理好自己的时间，首先，就是要找到人生的重点。

在这个快节奏的时代，无谓的消耗是极不划算的。为省两元钱排队半小时，为省两毛钱步行三站地等行为是不可取的。

很多时候，我们对待时间要像经营一家企业一样，心中要有"成本和价值"的观念，要注重时间的价值成本，在同等时间里产生的价值最大化。

我们要在几个不易区分好坏的选项之间，快速做出最佳选择。这个选择，就是我们当下的重点。

就像发小的母亲，她的时间花在买菜上，她的人生重点就是在生活上精打细算。

只是，她的选择不是最优决策而已。

因此，我们如果要省时，需要一套科学有效的决策方法，更高效，也能有效减少顾此失彼的时间。

其次，在找到属于自己的人生重点后，需要集中精力去钻研，形成自己的专业领域。

我喜欢的一位学者曾经说过，越专业的研究者，其擅长的领域越明确。在领域之内熟悉，在领域之外一般很少发言。即使发言，也是试探性的，商量性的。

没有重点、泛泛而学，很难获得成就。为什么呢？

因为一个人的精力是有限的。声称自己涉及很多领域的人，自己本身就是个门外汉。

就像创业也是，如果你预备自己创业，就应该审时度势，选择一个好的行业、一种商业模式，分析把握机会，让机遇与自己的核心能力、关键资源、价值观相匹配。然后，专注打造公司的核心产品。

如果你预备进入职场，要注重比较行业、比较公司平台，选好职业，并且使这些选择与自己的专业、特质、潜能以及价值观相契合。立足于整个行业的未来趋势，制定自己的学习计划与未来规划。

如果你是一个学生，就要找到你最擅长的科目，花时间去钻研、领悟。当你把握了这个科目的规律，可以再将同样的学习方法推行到其他科目上。

所以，要想真正有效形成自己的专业领域，集中精力、找准方向才是最省时省力的办法。

我们的选择成就我们拥有什么样的人生，当你找到人生的重点后，并在自己的领域形成专业，那么你就是最接近成功的人，也是最会管理时间的人。

2. 学会拒绝，避免在烂事上浪费时间

我身边曾发生过一件这样的事情：

某投资人在第一次投资被骗后，把所有的时间精力都花在与对方纠缠上。因为对方骗了他，所以他"必须讨回一个公道"。此后的十年，他不但荒废了原来很好的工作，而且还放弃了自我提升的机会。

实际上，相比于他投资损失的那点钱，他耗费的十年时间，才是最值得可惜的。

明明是一个可以过去的坎，他却在其中反复地纠缠，最后付出了更大的代价，浪费了最宝贵的几年时间。

类似的事情还有很多。

最可笑的就是有人因为一块钱争吵，继而大打出手，最后闹出人命。

为什么我们会在这些事情上浪费时间呢？心理学认为，我们的

大脑常常是单核 CPU 状态，简而言之，每个人的注意力其实都很有限，很容易因为一两件事就占据你所有的注意力。

在一定时间段内，如果你把大部分精力投射到一件事情上，自然会因此忽略其他事情。如果你和这些不相干的事情反复纠缠，最终浪费的还是自己的生命。

在烂事上浪费时间，是最消耗心智的一件事。

生活中，每个人都难免遇到一些令人不快的事情。譬如你在朋友圈发了一张照片，可能有人评论：美颜后的照片也好意思放出来，真人不知道丑成什么样呢。

其实，遇到这样的事情，最好的办法就是不要在乎它，你越在这件事上浪费时间，就越会陷在里面。

所以，我们要学会拒绝，避免在烂事上消耗精力，浪费时间。

记得某个划时代的优秀影片在国内上映时，很多人尚未观影，就盲目地为影片打了一星。

影片方的回应却非常得体：把事情做好是我们唯一的目的。的确，评价一件事是最简单的，真正难的是如何把事情做出来。

嘲笑本身没有多少能量，这种声音也坚持不了太久。破坏一个东西远比创造一个东西要容易得多，但是，这个世界真正被记住和奖赏的，始终是创造。

其实，当一个人费心费力地做出成果，却被人这样肆意糟践时，很可能会怒不可遏。但是，电影主创方选择了视而不见，因为他们是真正做事的人，他们的时间会用在学习、筹备、做事上，而不会把时间花在和烂人纠缠上。

当你在肆意评价别人的劳动成果、扮演一个消费者角色的时候，别人还在继续创造，人与人之间的差距，就是这样拉开的。

比如，我朋友将自己的文章发表在网络上时，有人告诉他，网上有人骂他，说他写的东西很垃圾，压根不配给他这种优秀的读者看。

朋友并没有理会，他坚持把一本书写完了。后来，他又写了第二本、第三本、第四本。

几年之后，朋友成了畅销书作家，而当初骂他的那个人，早就消失不见了。

他不仅自己看得开，还善于劝导别人。一次，当新作者问他有人在网上诋毁自己该如何处理时，他说，把时间花在你认为值得的那些部分上，至于其他的东西，不需要太理会。

就像很多人总喜欢争论赵云和关羽到底谁更厉害一样，即使争赢了，又能有什么意义呢？谁更厉害，根本就不是阅读这本书的重点。

人生也是如此，活出自我价值的人，都是有大格局的人。他们往往把时间用在自我突破上，从不会多费口舌浪费在无用的事情上。

在规划自己人生路径的时候，他们懂得如何"采其总旨"，而不是在细枝末节的烂事上反复纠缠，荒废自己的人生。

我很欣赏的一位编剧在网上回答追缴稿费问题时曾说过，他最重要的事情是"写"，而不是先想着从别人那赚多少钱。一次受骗不算什么，因为他的核心价值是能写出优秀的作品，而不是打算一本书吃一辈子。

他刚入行时，吃了很多亏，白写了许多大纲、剧集。但随着他作品越来越多，核心价值越来越明显，来找他的人也越来越多了。

现在，即使他不去强调，对方也会预付一些钱给他。

他说，自己之所以能有今天的成绩，是因为他懂得自己的核心价值在哪里，知道把时间分配在自己的核心价值上。如果他一开始就和某个不讲诚信的人纠缠不休，那才是真正的本末倒置，在无谓的事情上浪费了有限的时间。

有句俗语叫：将军赶路，不追小兔。每个行业都有不公平的现象，但是随着自己实力的提升，这样的现象也会越来越少。

没必要在这样的事情上纠缠，更不必为此损害自己对某个行业的热情。一个人的格局越大，他的时间利用率就会越高，因为他会把所有的精力都放在那些有价值的事情上。

每个人的精力都是有限的。一个要达成高远目标的人，需要有大格局，不必把精力浪费在烂事上。

如何保护自己有限的精力呢？我有一个有趣的方法，叫做"扔猴子法"。什么意思呢？一个一个的任务，就好比不断扔到你背上的猴子。聪明的工作者，之所以可以完成更多的事情，不会被累垮，秘密就在于，他总是能够在接到一只新猴子的时候，把背上的另一只猴子扔出去。他的背上，始终只有一只猴子，否则早就被压垮了。

不管是在生活还是工作中，当我们遇到那些令我们不舒服的人和事时，不要为此浪费时间。这时候，我们可以告诉自己：抬起头，我们的目标是星辰大海！

3. 用框架思维，
提升执行和达成目标之间的效率

　　有个小姑娘刚来公司实习时，每次项目组长交给她一项工作，她都要反复向别人求助。

　　过了一段时间，大家对她都开始有些不耐烦。每次告诉她这些知识，事到临头她却又忘了，或者只记得某个片段，工作还是进行不下去。无奈之下，组长只好亲自上阵，手把手教给她，这里应该这样推进，那里应该那样归置。

　　在组长的帮助下，她似乎知道了工作步骤，可是好景不长，下次换一个新项目时，她又该问怎么办了。

　　为了彻底解决她的问题，公司换了一位经验丰富的老领导来带她。

　　大家惊奇地发现，自从换成这位老领导带她之后，她似乎一下子就开窍了，对工作的掌控能力飞速进步，拿到的一些新项目也开始做得有模有样了。

部门众人好奇地向老领导追问，到底什么诀窍能在这么短的时间内让新人进步如此神速，老领导神秘地笑笑说：其实很简单，因为你们告诉她的都是知识，我教给她的是思考问题的方式。

听他这样说，众人才恍然大悟。

老领导说，因为小姑娘已经有一些实践经历，但这些知识只是信息，堆在大脑之中消化不了。他告诉她思考问题的方式，厘清了她工作的逻辑框架后，自然就能事半功倍。

其实，这件事充分说明了一个学习思路：高效省时的学习，关键是先厘清学习框架，然后在框架的基础上吸取知识。

就像我们的工作会分工种、分专业、分部门一样，一个好的公司，是组织框架齐全，各部门成员都按部就班运转的公司。

而整合公司框架的人，才是公司真正的管理者。

一个曾经做电影的朋友告诉我，很多时候，众人在做一部片子的时候，并不知道这个片子是否是烂片。所有的项目大家都很努力、很认真。

我问他，那为什么还会有烂片出现呢？

他说，因为做的时候他们只在细节上发力，忽略了整体思路上的组合与取舍。

我很认同他说的，这些琐碎的细节就像知识，而整体思路就像是思维框架。

如今，我们接触到的信息越来越丰富，人们拥有越来越多的知识，这些知识无法归置、无法安放才是最大的问题。这也是为什么最近几年"知识焦虑"被频频提及，因为我们学习的始终是知识，而不是思考问题的方式。

生也有涯，知也无涯，所以我们才会对知识过剩感到焦虑。因此，你会看到很多年轻人在手机里下载了各种各样的 App，疲于奔命地去参加各种讲座，但是最后却发现，除了越来越焦虑，似乎对生活也没有多少实质性的改变。

甚至有教授说，自己也常会有点焦虑。这个世界变化太快了，每天都有层出不穷的新信息。在这样的时代更迭面前，我们的时间似乎永远都不够用，永远都处在一种焦虑、忙乱之中。

其实，我们真的需要这么多信息和知识吗？

答案当然是否定的。我们只需要坚持把一件事做好，这一生就是成功的。

现代人的信息并不是太少，而是太多。现代人的问题不是该不该学习的问题，而是如何从诸多信息之中整合出我们需要的关键信息的问题。

正因为我们在无谓的信息上浪费了太多时间，所以才总觉得焦虑。

因此，我们应该培养自己整合关键信息的能力。

那些患有"知识焦虑症"，总觉得时间不够用的人，是因为在无谓的信息上纠缠太久、未能形成自己的思维框架，所以导致自己浪费了太多时间。

知乎有个很具代表性的问题——为什么我每天都听书、学习，生活却没有多少改变？

我看了他对自己的状态描述后发现，他想要达成的目标太多，似乎每一方面都在涉足，又在每一方面浅尝辄止。他了解了很多碎片知识和信息，却完全没有整合信息的能力，也不知该如何巩固使用这些知识。所以，做起事情来他依然什么都不会。

说到底，真正高效利用时间，不是比谁更能重复知识，而是比谁更能透过现象看本质。这个抓取本质的过程，就是思维能力和框架构建能力的体现。职场、学习、创业，无不如此。

对一个行业整体思路的把控，对信息的整合与穿透能力才是省时省力的归因。

比如乔布斯在重回苹果之前，他缔造的皮克斯动画也一样很成功。因为他学习的不是某件事的具体操作方法，而是思考如何整合资源、锻炼自己的商业思维，把一件事做得更好。

他把握的是这个世界的本质，所以他的思考方式不仅让苹果公司成功了，也让皮克斯在动画领域一样成功。

从他的事例里我们不难看出，相比知识和技能，锻炼自己的思维能力，才是性价比最高的一件事。

相比于学习知识，一个真正懂得时间珍贵的人更应该学会锻炼运用自己的框架思维，它是从执行到达成目标之间提高效率的关键。只有如此，才能最快抵达学习的本质。

除了框架思维，在时间管理上我们还要学会"强制决定截止时间"。比如不管还有多少工作，晚上八点我们一定要准时下班。放着做了一半的工作就下班，内心肯定会感到不安，但是我们必须得忍住，坚持准时下班，这样才能认真思考"如何在有限的时间内完成工作"。

其实人们理智上能够理解提高效率的好处，却很难改变做事的方法。有时认为多工作几个小时比改变工作方法要更轻松。以堵车为例，来解释限制时间带来的好处。想象一下，假如我们开车到郊区游玩，回程时却因为高速公路堵车而被堵得不能动弹。"用心工作早点回家"这样的工作态度，就像我们堵车时为了早几分钟到家，利用导航与地图，想尽办法找到一条解困的路；而沿着高速公路，跟着堵车走走停停就像是加班，这样比我们调查、思考、想尽办法找出脱困的路要轻松，但花费的时间却比较多。当我们的目的不再只是"能回家就好"，而是"必须要在几个小时内回家"，就不得不想办法找出一条脱困之路。也就是说，有了这样的限制之后，人才会开始准备做出有用的努力。

4. 活成自己想象的样子，需要刻意练习

朋友在某知名的大公司上班，几乎天天喊累。

每次见面时，她都会发出同样的感慨：同事们都太强了，真不知道他们是如何做到这么自律的。

用朋友的话说就是——你感觉他们生活中的每一件事都并行不悖，安排得极有条理，就算遇到了什么困难，他们也能很快找到解决方案。真是人比人，气死人。

她的话让我想起一位成功人士说过的话。他说，他在圈内接触过许多优秀的人，那些人虽然有着不同的国籍，使用着不同的语言，但是接触久了就会发现，这些被称为"精英"的人士，身上很多气质都异曲同工。

哪怕他们此前学习的领域、受到的教育千差万别，但是在他们背后，似乎有一种看不见的魔力，将他们的气质指往同一个方向。

无一例外，他们都是目标感很强，懂得如何规划自己人生、分配自己时间，并且坚定地知道自己要什么的人。

而现实社会当中，大部分人都是什么样的呢？

比如在休息日里，大部分人都是这样度过的。

大部分人的情况是，冬天起不来，夏天睡不着。好不容易醒了，却又在床上耗上老半天。刷刷知乎、看看抖音，穿衣服起床时就已经九点了。等一切都收拾停当后，已经到吃午饭的时间。吃完午饭又有点犯困，再睡上一个午觉，起来接着上网，刷手机一直到凌晨，撑不住了才睡着。

第二天出于焦虑，就在心里暗暗发誓：明天开始，我一定要好好学习。

其实，不必为此感到难受，这是大多数人的本能。为什么大多数人做不到像精英人士那样自律，是因为你还不具备成为"精英"的条件。

我曾经听过一种有趣的说法：考试的本质不是测试你的知识，而是测试你的能力。考试最大的好处是，它可以通过这种模式，有效率地筛选出"精英"，比如勤奋的人、时间利用率高的人、善于学习的人。

你看到的那些能力超群的学霸和精英们，其实只是比我们更有"时间利用率思维"而已。这并不是多么高深的科学，通过一定程度的训练，我们也能掌握这样的能力。

在《音乐心理学》杂志上，曾刊登过一个实验：某音乐组织遴选出24名2至6岁的儿童，对他们进行刻意训练，培养他们的"绝对高音"，很多孩子经过一年或者一年半就达到了"绝对高音"。稍微有点音乐常识的人都知道，拥有"绝对高音"的人是极少数，他们一般都被称为天才，被认为是拥有天赋异禀的人。这个令人惊讶的实验结果，是24名孩子都具备了"绝对高音"的能力。

这个实验恰恰证明了普通孩子刻意训练也会练就成高手。

其实，精英人士有条不紊的生活方式并不是突然获得的，就像具备"绝对高音"的普通孩子，他们都需要刻意练习。

该如何像精英人士那样有条不紊地管理时间，进行刻意练习呢？

首先，要把那些可做可不做的事情，慢慢变成必须要做的事情。我们不必一口气吃个胖子，但一定要有自我约束的意识。

其次，我们要把每天必须要做的事情慢慢变成自己的生活习惯。坚持每天都做一次，直到我们适应这种生活模式为止。

最后，当我们对某件事情越来越娴熟的时候，我们可以尝试学习一样新东西。

在刻意练习的过程中，不仅仅靠意志力，更依赖好的方法。我们要对自己手上的事情进行科学的分析和计划，然后不停地尝试和选择，直到我们找到最优解。

坚持三五年之后，你会发现，你已经把很多人都抛在身后了。

关于坚持，最好用的莫过于"最小可持续原则"，它是持续按照一种方式，一以贯之地坚持。比如像我一样用日程表规划工作，用印象笔记保存工作记录，这样坚持一两年，工作中积累的优势是惊人的。

世上很多人都在羡慕别人的成就，但羡慕着羡慕着就没有了下文。他们并没有想到，世界上大多数都是普通人，之所以能脱颖而出，就是因为他们有超人的耐心和毅力，肯花时间训练、学习、积累，所以最终能修成正果，成就了自己非凡的人生。

5. 你有多专业就有多省时

我有一位朋友是资深的职业咨询师，她的妹妹刚进公司时，每天回到家都在抱怨："我真的不想上班，现在的工资太低了，我什么都买不了，你说我要不要提出辞职？"

朋友问她的妹妹：你还记得自己是如何从上家公司离职的吗？你觉得上家公司领导太严格了，你不能在上班的时候浑水摸鱼，所以提出了离职。

其实，如果你想在职场上晋升或者加薪，最好的方法不是不停地换新工作。市面上同类型的工作工资差别不会太大。除非你的能力有重大突破，否则换工作还要从头开始奋斗，这样更浪费时间。

在职场上，我们的任务是解决问题、遇难克难，是不断优化升级自己的能力，如果不能明确这一点，换多少工作也是枉然。

朋友妹妹的经历，让我想起我的一个前同事。

他从不参与办公室其他人的聊天吹牛，也不把时间浪费在经营人际关系上。所以，他有很多时间看书。每次我到他办公室时，总会听见其他人谈天说地，只有他一个人默默埋头，不是在查阅资料，就是在研究自己的项目。

部门里组织旅游、聚餐、团建等活动，除非必要，他也不主动参与，因为这种特质，我刚进公司时就听到很多关于他的议论，如"这个人不怎么合群，也不太好相处，有什么事尽量不要麻烦他"等。

半年后，公司派几个同事去谈一个大单的销售业务，其中就有他。

在和客户交谈的过程中，虽然对方公司的几个采购负责人全程都很礼貌客气，但对我们公司的报价一直不置可否，不管经理怎么讨好赔笑，他们就是不松口。

等到展示、介绍产品时，采购公司问了许多机械技术细节的专业问题，和他一起去的同事，要么答不上来，要么支支吾吾。国内技术他们都没有了解全面，更何况对方提及的东西还涉及国外引进技术的部分细节。

只有他对这些问题了如指掌，对国内同类型产品发展状况明了清晰，还把国外的同步技术也解释得极为详尽。最后，他告诉客户，针对不同产品他们还有不同的管理方案，这些管理和调试方法，他都非常熟悉。

客户对他感到满意，公司依靠他一个人的力量拿下了那个项目。后来他升职加薪，成为部门的领导。

在一次谈话中，我提到了他的"光辉事迹"，他告诉我："职场上唯一的评价标准就是你能不能把事办好。如果能搞关系又有业务能力当然最好，但是如果只能选一样，我一定会优先选择业务能力。"

听到这些话时，我在心中默默为他点了个赞。

每当有人夸另外一个人说，你真厉害，好像什么都会的时候，我都会在心里打上一个问号。

我认为，一个人的专业最多也就两三门，超过这个数就很值得质疑了。

我倒不是觉得他们学不会，而是认为涉猎的领域太多，他的专业性就不会太强。

自古以来，真正形成学科的专业领域，需要探索的东西都非常多，有时甚至穷尽一生也很难研究透彻。

这一点在我的领导身上得到了很好的验证。

她曾经对 HR 说：不要招聘那些什么都会的，尽量招聘某一方面的专才，让他们相互配合、相互补充。

很多人在职场上手忙脚乱，不就是因为他们的注意力放错了方向，时间配比安错了重点吗？他们过分放大了搞关系的时间，忽略了提升专业技能的时间。

和别人搞好关系，这本身并没有什么错，但它并非缩短职场晋级路线的关键因素。

在我经历过的几个公司里，每次公司要裁员时，首先出局的就是那些没什么办事能力的好好先生。而真正的牛人，老板会倾力挽留；真正的技术能手，还会被老板哄着干活。

一个深度理解了职场规则的人，应该把时间放在提升自己专业技能上。只有这样，他才会从努力之中受益，才能获得对生活的掌控感，得到他应有的回馈。

其实，觉得自己"没有白活"真正的关键点，在于我们所花费的时间是否带来了真正的提升效果。比如，我们投入了时间去学习，获得了专业能力的提升。

再比如，我们投入时间去思考，获得了处理复杂事物的能力。

一个人在工作上的价值感，来源于他的核心竞争力，这样才能保证他的工作效率和工作完成度。如何培养自己的核心竞争力，就需要提高自己的专业度。

在职场上，我们有多专业就有多省时，把时间多用在专业能力的地方，才是我们能否最终获得晋升的关键因素。

之所以手忙脚乱，之所以痛苦，皆因很多人像朋友妹妹一样，把时间、精力放在很多无用功上，所以营收比才会如此惨淡。

6. 你的"圈层"在很大程度上决定了你的认知，更决定了你的高度

朋友女儿放暑假时，来我家玩耍。小姑娘拿着我的手机打游戏。游戏是分局赛制，有高中低三个难度。小姑娘最开始玩进阶关，通过了之后才到中级。

晚上吃饭的时候，小姑娘还在初级模式。我接过手机一看，小姑娘选择的是hard模式，难怪总是刚开了个头就Game Over 了。因为总是Game Over，小姑娘游戏打得也没有信心。我帮她切换到了easy 模式，这一次，小姑娘很顺利就通关了。我问她："要不然再切换到初级的 hard 模式试试？"她点点头，埋头钻研着hard 模式。

晚饭后，她告诉我，初级的hard 模式她也顺利通关了。

我问她用了什么方法，她说，用中级的初级难度找到手感，同时争取每一次都比前一次多一两分。

这件事让我觉得很有意思——第一，我们也可以把人生看成一

场游戏，聪明的人会找方法，让自己能够快速通关。第二，如果把奋斗的历程看成是一场通关游戏，你学会了在更高的层级上奔跑，处理低阶的事情时会事半功倍。

将这个领悟推及现实，我想起了朋友曾给我讲过的，他在上一个公司的经历。

一开始公司氛围非常好，老东家愿意相信他们，也愿意激励他们。项目组里都是一群充满激情的年轻人，大神很多，用他的话来说就是——每天都能学到新东西。

同事都非常认真，同项目组的每个人都带着对知识的渴望和对未来的畅想忙得不知疲倦。遇到技术难关时，大家常常围在一起讨论，产品研发上有什么新的创意也会在一起交流。

为了不落后于人，保持跟大家对等输出信息的水平，他每天下班都会继续充电，比如看专业书、上网站看相关产品的最新研发技术、了解同类型产品等。

可惜好景不长，公司空降了一名领导后，开始实施各项规定，破坏了和谐融洽的交流氛围，几位技术能力强的同事因为受不了这种压抑的气氛纷纷离职。

朋友说，虽然从公司层面上，他可以理解上层的决定，但工作确实没有了激情和动力，最后他很快提出离职。他的理由是，最高效的学习法包括了环境激励法，正当奋斗的年龄，他宁可在牛人中垫底，也不想在一群混日子的人中做骨干。

他的经历告诉我们：你在什么样的"圈层"决定了你的认知，更决定了你的高度。低层级看到的都是鸡毛蒜皮、蝇营狗苟；高层级能让你高效学习、持续成长。

曾有个实验：把一个人放在正在运转的跑步机上，再懒的人也不得不向前跑；把一个人放在 hard 的模式里，只要他尝试去适应这种游戏模式，之后在 easy 的环境里将会驾轻就熟。

我同学曾在毕业后的聚会上感慨：我好怀念大学宿舍，因为大学宿舍里都是学霸，和他们一起自习，我不用太刻意，就会开启严于律己模式，可是在现在的工作环境里到处都是懒散的人，自己也不知不觉被环境同化，导致现在考什么都觉得难得要命！

其实，把自己主动置身于需要不停努力才能跟得上整体节奏的环境里，是为自己的人生被动加速。我们最终能把自己塑造成什么样子，和我们选择什么样的环境有很大关系。

时间并不能被管理，我们能管理的是自己的意志力。

在一个拥有助力和正面暗示的环境里，我们调遣意志力的难度要小得多，对于技能的加速也快得多。

就像我们努力通关越来越多的 hard 模式后，再切换到 easy 模式会势如破竹一样。同理，在人生中要想加速进程，进入更高的圈层，我们也应该这么做。

首先，要学会为自己营造一个 hard 模式的环境。

然后，在这个环境中保持不掉队，潜移默化中，我们就会养成良好的工作习惯。

不要害怕自己做不到。再懒惰的人也有想上进的时候。

在养成优秀习惯的过程中，环境的助力非常重要。常言道，近朱者赤近墨者黑，高层级环境能够成就一个人，低层级环境会毁了一个人。

试想，如果你周围的人每天聊的话题都是"晚上去哪聚餐"、"最近有什么新电视剧"，你能从中得到什么有用的信息呢？

反之，如果你处在每天都在探讨新思路并能高效执行的公司，那么你即使不够努力，也会自然而然学到很多有用的东西。

微博上曾有一个热门话题，叫"我40岁了，除了在高速路上收费，什么都不会。"

其实，在高速路上收费曾经也是很多人眼中一份安定清闲的工作，这份工作不需要思考和参与竞争，只是这种安逸在变化的冲击下被打破了。

曾经看起来旱涝保收的工作，现在变成了浪费学习时间、荒废人生的闲职。

要知道，我们安逸时，还有无数的人在奋斗着。这个世界不会因为我们想要安逸就停止变化。当我们既不想奋斗又想改变的时候，我们就会对时间流逝、一事无成感到极大的焦虑。

真正摆脱这种焦虑的方式，是跟上世界变化的节奏，甚至具备"超前意识"。

这相当于把自己置放在 hard 模式下面对世界，如果我们能在不停激发自己潜能的工作环境下加速奔跑，我们的血液就会保持鲜活，思想会和这个变化的世界共振，眼界也会一直处于潮流前端。不担心被这个变化的世界抛弃，才能在前行的路上步履从容。

一直处于安逸稳定的环境，会消磨我们主动学习的能力，耗费掉我们本该去奋斗的大好青春年华，等我们垂垂老矣时，再怎么想学习也已经来不及了。

在高层级的环境里，向优秀的人学习，潜移默化中你也能够成为他们一样的人。不要在低层级的环境里，耗费自己的生命，成为一个碌碌无为的人。如果你正在低"圈层"里徘徊，那么请及时跳出，向高"圈层"跃进。当多年后再回顾我们的历程时，你会发现，不知不觉中我们已经超过了很多人。

part 4

抵挡短期
利益的诱惑

一个人只有不断地打破舒适区，才能见到突破和卓越，从而带来持久的幸福。

1. 所谓专业，就是不断打破舒适区

前段时间，一个朋友听说同学靠做电视剧编剧年入百万元，十分羡慕，想到自己当年学的也是同专业，不由得想重操旧业。

没想到，他要当编剧的梦想，却屡次被影视公司拒之门外而破灭，别说年入百万元，月入一千元都难。

朋友特别疑惑，都是一个专业里出来的，在学校时也没觉得对方怎样，为什么毕业之后差距这么大呢？他说自己非常喜欢文字工作，职业自由，时间自由。做自己想做的事，写自己想写的文，每天光想一想就会从梦里笑醒。

回想当初和小伙伴一起写文，一起以梦为马，相约着在文字的江湖里不负韶华。

他询问自己的同学，同学告诉他，自己在行业里沉淀了十年，才有今天这个结果。想要一入行就缩短自己和别人十年的差距，这可能吗？朋友想了想，觉得对方言之有理，最终他仍然没有勇气跳出舒适区，只能放弃，隔着屏幕空自嗟。

我的一位好友说，自己回乡过年时，碰到了高中时的好哥们。刚创业时，好哥们拿着不被看好的环保项目找他合伙，那时隶属国企科研所的他，工作稳定，前景大好，于是就拒绝了，还好心地建议对方放弃。因为那个项目是国外多家公司都曾尝试过的，总以烂尾结束的高能耗工程，根本不值得投资。

可如今，当年那位好哥们不但把项目做成了，公司还成功上市，成为当地有名的明星企业。这位哥们目前身价上亿，开着最新款的宝马，意气风发地参加同学会，而他自己却因为单位改制，不得不另谋出路。

提起别人的职业，很多人都羡慕不已，看起来，他们的工作格外体面，高回报，低投入。是什么成就别人的事业，让别人把事业当成自己一生的职业？正是不断打破自己的舒适区，才成就了他们令人艳羡的职业。

年入百万的编剧如此，坐拥上亿身价的哥们亦如此。他们没有一直在舒适区蹉跎等待，而是选择一次次打破舒适区。编剧在自己行业坐冷板凳沉潜十年；身价上亿的哥们，跳出国企，开创企业从无到有，从弱到强，一直到上市。他们没有经历过万千次的打破"舒适区"，怎么会取得现在的成就。

何谓"舒适区"？"舒适区"是我们画地为牢，将自己囚禁在我们认为最舒服的地方，遮蔽了耳目和五感，不愿意去尝试挑战新鲜事物和新兴事业。不愿意学习和创新，是适应了环境之后的一种惰性状态。

可是，在当初面临选择的时候，是什么阻止了他们前进的步伐呢，让他们不敢走出"舒适区"呢？

归根结底是对未知的恐惧在作祟。如何才能迈出"舒适区"的第一步，首先要客服心理上的恐惧。

当一个未知的选择和熟悉的环境摆在你面前时，选择的小天平就会摇摆不定，究竟是听从内心的召唤接受挑战，还是待在熟悉的环境里安逸度日，规避失败的洗礼呢？大多数人选择在面临改变时，在潜意识里产生退缩，感到畏惧。

当然，人们对于未知的恐惧由来已久。这种畏惧不会因为你的恐惧就减少或消失。正所谓不破不立，有舍才有得。

况且，每个人都有自己的舒适区，我们很想跳出这个区域，可又很矛盾，也很困惑。尽管知道一直待在舒适区前途堪忧，但出于对未知的恐惧，我们不得不考虑跳出舒适区后的成本代价以及所要面对的困难。正是这种对困难的畏惧，使我们宁愿待在一个熟悉的地方，选择每日撞钟般重复的生活，机械、固定且安稳。然而，我们最终选择的这个舒适圈，却不断消磨着我们的时光，令我们束手束脚、怨天尤人。

畏难并不可耻，每个人在选择一种职业的时候，实际都是在选择一种生活。有的人有勇气打破舒适圈，愿意接受更大的挑战和更多尝试，而有的人却因为对未来的不确定性，不愿意放弃手中拥有的一切。所以，他们只能在别人成功后，用一万种方式后悔自己当初的抉择，而不是成为别人眼中的先驱者。

恐惧是成功者眼中最没用的情绪垃圾。如果在整个事件中，你花费大量的时间在克服恐惧上，那么不但对正在进行的事件没有任何助益，反而会导致你的负面情绪堆积，最后在行进速度上拉低你的效率，使整个事件的完成质量上大打折扣。

新东方创始人俞敏洪曾经在一次演讲中提到自己离开北大的初衷。他说："我知道人还是要进步，你不能说我就这样一成不变，因为人最怕待在某种舒适环境。"

当年，他在北大当老师，第七年就开始教专业英语了。然后，他可以顺利成为一个副教授，再读个硕士博士，成为三级教授，北大就会给他低价买房子。

可是他转念一想，不对啊，这种一眼就看到底的人生，要多无趣就多无趣，人生不能就这么一直混吃等死。他觉得人有两条路可以走：第一，往广处走；第二，往深处走。所以，他决定从北大的舒适圈里走出来。为了生命的广度和厚度，也为了寻找生命中的成就感，做更好的自己，俞敏洪走出了北大，成就了新东方。

《侣行》是优酷网为"极限情侣"张昕宇、梁红打造的一个挑战自我的真人秀节目。这对情侣的浪漫经历是每一个以梦为马的人都渴望的。当看到他们驾着中国飞机跨越五大洲、三大洋，走过 23 个国家和地区，实现中国飞机的首次环球旅行后，任谁都会对这样无与伦比的精彩经历而激动不已。

然而，最初他们也只是一对普通夫妇，也为柴米油盐为难过、奔波过。从开货车到开摩托车修理铺，再到卖羊肉串、开冷饮店，几乎所有能来钱的行当，他们都干过。经历过困苦，也经历过磨难，甚至经历从百万富翁到一无所有的惊天巨变，但最终他们没有满足安逸的生活，依然追求做不平凡的自己。

对于他们来说，什么是舒适区？似乎没有。他们只有不停地挑战自己、挑战极限、追求卓越和不平凡，才能成就属于自己的事业。

走出舒适区，意味着未来要面临很多的不确定性和未知的困难。勇气、财富、自由、信心还是更多的可能？我不知道，因为只有你走出这个圈子才会知道，它们都是属于你的，与任何人无关。

时间是有限的，而潜能是可以无限激发的。要想成就自己的事业，成为专业人士，那么就得一次次打破自己的舒适圈。如何不断打破舒适圈，突破自己呢？我经常用"成长游戏化"来管理自己，它的核心有两点，一个是关卡化，另一个是晋级感。

我有一个朋友在新东方做雅思的英语老师，每年暑假是他一年最忙的时候，要连续不间断地讲12周的课，工作特别累。每天他从早上讲到晚上，强度非常高，十分辛苦。

每到这个时候，他内心感到无比枯燥，工作特别容易倦怠。

为了缓解这种不良的情绪，他就给自己制定了每周攻破一个主题的蜕变计划：第一周研究怎么讲好一个故事，第二周研究怎么样讲好笑话，第三周研究清楚煽情的套路……

每攻破一个主题后，他就给自己一个奖励，吃顿大餐或者别的什么。就这样他不仅摆脱了职业倦怠，还让自己越做越有激情。

没有永远的舒适区，也不存在永远的安逸。一个人只有不断地打破舒适区，才能实现突破和卓越，从而带来持久的幸福。真正的强者，他们在年轻的时候，经历了沧桑，化解了迷茫，学会了坚强，懂得了疗伤。他们在哪里都可以生根发芽，在他们眼里，舒适区只是暂时休息的营地，是通往下一个天堂的临时驿站。

2. 意志力的正确使用法则

　　大二时，我为了冲刺英语四级，曾经制定过非常严格的英语学习计划。我每天六点起床，沿校园湖心公园跑步一圈后就开始晨读。按照当时的单词背诵计划，我一个月就可以背完一本四级词汇。

　　然而，事实正好相反。长时间的大量背诵让我经常感到身心疲惫和枯燥乏味。往往第一天背会了，第二天就忘了，等到第七天我就完全没了印象。所以，我常常背了新的，忘了旧的。我每天不停地记单词，忘单词，重新记单词，再忘单词。时间一久，我竟对英语提不起来丁点儿兴致，甚至只看到单词书就觉得疲惫不堪。那段时间我关注到了一位作家，她不仅是青年创业者、作家、培训师，还要抽时间在各个平台讲课。在喜马拉雅，她甚至有三档栏目，一档 50 个课时的时间管理课，一档人生管理课，还有一档高效打造个人品牌的小课。

　　生活中，她是个时间精力管理高手。她常常穿着恨天高的鞋子，从早上 9 点一直持续到凌晨 1 点，中间没有一点儿停歇，还经常开直播与粉丝互动。

看到她在微博上分享的工作流程，几乎每天都安排得满满当当。每周 4—5 次泰拳训练，一年 300 多场全国巡演，每年阅读 100—300 本书籍，连续创业，带领三家公司不断向前冲，走访了 44 个国家，连续 7 年每年出一本书，等等。

如此高强度的工作和持续不断的输出，除了要有充沛的精力，还要有足够坚定的意志力。然而面对如此高频率的工作和学习，她难道没有产生过懈怠和意志力告罄的时候吗？当然不是，她有着自己对意志力正确的使用法则。

她不是一味用意志力控制自己，而是始终让意志力处于一个平衡的状态。她经常采用见缝插针式的休息和工作，使自己的精力保持一个良好的状态。

如果研究她的工作日程，细心的你就会发现，她并不是一直都在进行某一项工作，而是有节奏有规律地让自己的精力保持输入输出的平衡，就像是一块充电的电池一样，让精力始终处于平衡的状态。

我们每天都要学习、工作和生活，这些事情无时无刻不在消耗我们的精力，当精力消耗到一定程度，支撑我们继续前行的就是无比坚强的意志力了。精力告罄，我们还可以通过休息来恢复。然而一旦意志力告罄，那么支撑我们继续走下去的动力就随之解体了。

　　相信你也会有这种感觉，当大脑持续几个小时完成同一件事时，就会产生严重的倦怠感。这时，你的大脑会给出强烈的信号，非常渴望放松一下。可多年意志力的坚持又不允许你随便放松自己。于是，你的脑海里就展开了一场旷日持久的天人交战。也许习惯的力量会让坚持暂时占据上风，但长此以往，会让自己内心产生严重的厌烦感，一旦逆反心理产生，让你对目前的工作丧失兴趣，就势必影响到工作效率。那么，这时你该如何选择呢？

　　其实，这就像驾驶员行驶在一望无际的高速公路上。长时间的直线行驶会让驾驶员产生视觉疲劳、困倦以及失去对速度的感知。正确的做法是找到休息区，好好休息一下，让自己的体力和精力快速得到恢复，保证旅途的安全。

　　同样的道理，当你的大脑长时间处在高速运转的状态时，也会产生智力疲劳和眩晕感。这时如果强行坚持工作，不仅会加剧这种疲惫感，还会降低劳动效率和工作积极性。久而久之，不仅让人产生逆反心理，还浪费了大量的人力和劳力。

　　所以，当工作中出现这种信号，最正确的做法就是停下来休息，等待精力恢复，而不是忙着充值意志力，抵抗自己的工作疲惫感。

　　凯利·麦格尼格尔在《自控力》一书中提到，所谓意志力，就是控制自己的注意力、情绪和欲望的能力。

　　一个多年不见的儿时伙伴给我发来信息诉说她的痛苦，她说自己做事的时候，总是在不断地推脱逃避，明明心里有了计划和目标，却总是难以执行。她知道自己每天都很邋遢比如穿着肥大的运动服去接送孩子，但就是懒得去收拾一下。

很多时候，她也想利用空闲时间去读书或者学习，但就是提不起精神，宁肯躺在沙发上看电视，也难以打起精神去行动，以至于到最后感情出现了危机，都不知道该如何改善。

还有一位工作安逸的小妹，一年四季都待在舒适的工作环境里，虽然工资不高，但一个人花也足够。每次我建议她换份有挑战的工作时，她总是不以为然，认为女孩子不用那么辛苦，能养活自己就好。

直到有一天，她遇到一个心仪的男生。几个月交往下来，男生开始嫌弃她工作多年，工作能力和薪水却总是停留在职场菜鸟的状况，最终以三观不合婉拒了她继续发展的请求。

人的意志力究竟有多大呢？它能克服一切困难，不论所经历的时间多长，付出的代价有多大，无坚不摧的意志力终能帮人达到成功的目的。可一旦丧失意志力，所产生的负面效果也是毁灭性的。

即使你极度压榨自己，少吃不睡提神做事，但累积下来的睡眠和饥饿债迟早都是要还的！这绝对是一种不可持续的模式。所以，保持意志力的持续平衡非常有必要。

很多人将意志力比作肌肉，问题是经常使用意志力是强化肌肉，还是会造成肌肉疲劳呢？这是一个比较有争议的话题。不少心理学家认为它是一种有限资源，应该审慎地用在人生中最重要的挑战上。

这种极端压榨意志力的做法很不科学，而且极伤身体。即使你认为自己还年轻有资本，但等年龄再大点各种毛病就会找上门来，还不如平时注意点，提高效率，早点把事情做好做完，然后安心休息。

所以，当你的意志力告罄，先不要忙着充电，而是要学会休息。适当的休息让大脑暂缓一下工作强度，然后再开始下一个阶段。虽然这样看起来好像占用了你不少时间，但是因为大脑得到了有规律的休息，所以你能时刻保持头脑的清醒，不容易产生倦怠，更利于长时间工作，有效节省你对抗疲惫的时间，让自己时刻处于精力充沛及意志饱满的最佳状态。

3. 真正的时间管理是做减法，而不是做加法

听我朋友说过他职业生涯中的一件事。明明对方想要一份清晰的产品目录，可是项目组他的同事发给对方后，对方却十分不满。

当他接起电话时，合作方火力很猛地抱怨："你们做的产品目录很不清晰，导致我们执行不下去，延误了工期算你们的责任！"

他一听，以为是工作出了问题要分摊责任，心里十分窝火，"目录都发过去好几天，隔了这么久才说这事儿，到底是谁耽误了进度？该是谁负的责任，推诿扯皮也没用！"由于他当时情绪激动，所以说话的语气特别冲。

结果，大家产生误会，导致这批货没能赶上发货时间。后来，还是合作方的领导找他们主管解释才弄清楚原委。原来是打印产品目录时，打印机出了问题，打出来的字迹不太清楚，再加上生产现场的油污太多，一些关键尺寸被覆盖了。工人师傅干活时看不清图纸，很生气，就找合作方理论。可合作方找不到最初的产品目录文件，就想让他们重发一份。

　　这个误会的起因就是我朋友把简单的事情复杂化了。明明很简单的问题，却因为各种误会，导致整个公司来来回回浪费这么多时间。不仅没能节约时间，反而需要花费更多的时间来消除误会。

　　在真正的时间管理中，最好的省时方法就是不要把简单的事情复杂化，处理事情要多做减法，少做加法。

　　快速处理事情的关键就在于"就事论事"。

　　朋友爱丽刚高中毕业，就进入福建一家颇具名气的茶行连锁店做店长助理。但是做了一段时间后，她发现自己在店里受到排挤。店长不信任她，做什么都防备她。和客户见面不带她，行业资料也不给她观摩，还常常派给她盘点库存这类没有技术含量的活。此外，排挤她的一个同事还是店长的妹妹，这人不但跟她对着干，还发动一帮员工也跟着瞎起哄。

　　这样的外部环境使爱丽的工作开展得极为困难，因为她业务不熟悉，一次失误给店里造成了损失。

　　为了补救这次损失，店长辞掉了爱丽。

　　在一个团队中，如何更加省时、高效的工作呢？首先就是要找到问题的关键节点，真正弄清楚自己想要的是什么。搞清楚这一点之后，放下自己的玻璃心，按照这个方向去努力，会省掉很多不必要的时间。最行之有效的方法，其实是去掉不必要的环节,有的放矢。

　　把时间当成一个不可再生的消费资源时，我们对时间会重视得多。

时间管理是做减法，而不是做加法。

为什么有的人一天没做什么事，办事效率很低，还总是觉得累？究其根本，是因为他们在不必要事情上花的时间太多了。在进行任何一件事时，他们首先有很多"内心戏"，在"打消怀疑"这个环节上消耗了过多的精力。

比如我曾经和一个朋友去买衣服，本来说好了是买御寒的羽绒服，但是他比较了很多家，始终没能定下来。

他的购物过程是什么样的呢？明明是买羽绒服，但是看到一身不错的西装也要试试，试完了他就开始讲价。讲到老板心动，他又不买了。最后逛了一天，我们什么也没买到。

我们身边有很多这样的人。即使只花几块钱，他们也要考虑一番。明明不是很贵的东西，三五块的差价也要货比三家。这种思维看似选择变多了，但结果未必最好。

这种思考和比较，会让人产生大量的心智负担，消耗注意力，实际价值和意义也不大。

另一种人目标明确，从来都不会有多余的动作。这会减少琐事带来的麻烦，尽量减少性价比不太高的时间消耗。

不把时间浪费在不必要的琐事上，会使得他们的思维更加集中、精力更加充沛，可以投入在真正有意义的事情上。

　　麦吉沃恩在《精要主义》这本书中说：精心挑选有价值的事情，有时候，追求少反而更好。

　　这本书的核心思考模式就是告诉我们，要尽量把时间和精力花在有意义、更重要的事情上，那些非重点的事情做不好，不是什么大错。

　　在工作中我们如何做减法呢？我们需要谨记"转"、"做"、"存"、"扔"四字诀。

　　每当遇到一件事情，我们要在10秒钟内做出一个判断：下一步我该做什么？所有的情况，都无外乎四个选项：转，转给别人；做，马上去做；存，放入待办清单；扔，拒绝或者忽略掉它。

　　真正理解这一点的人，是那些学会减少、简化、淘汰原则，把精力聚焦在绝对重要的事情上的人。

4. 厉害是攒出来的

职场上经常能够遇到一种人，他们高估了自己的能力，或是眼高手低。工作不符合自己要求的不干。哪怕差一点儿，也不愿意将就，不愿从基层做起。可是，工作一旦高出自己的能力偏偏又做不来。常常挑肥拣瘦，做什么都做不长久。

一位1992年出生的姑娘，初中毕业就到表姐表姐夫的餐馆里做服务员。没过多久，因为经常加班、工资低，就跟着男朋友到浙江金华做服装。后来，又嫌工作太辛苦，加上两人结婚，基本是做三休五，也不愿意学门技术，大半靠丈夫挣钱养她。

前段时间，听说她离婚了，带着分来的15万元，信誓旦旦地说要创业，号称自己不怕辛苦，盘个店卖麻辣烫。朋友提醒她，餐饮业很辛苦，而且你又不会做饭，没有餐饮经验，不如先练个摊，或者找家同类饭店打工，攒点经验。

可这位姑娘却说，流动摊太辛苦，她熬不了夜，只想做个朝九晚五的营生。没办法，朋友只好告诉她，那你先到大学城做个市场调查。结果，她出门考察了一圈，回来就告诉朋友，卖麻辣烫太辛苦了，白天没生意，正式营业从晚上六点开始，一直干到凌晨三点，一天才挣 400 元，一个人做不来，雇人又不划算。

于是，朋友就建议她先工作，边工作积累经验，再寻找创业机会。可这位姑娘嫌商场工作时间太晚，卖二手房又没有底薪，电话销售太难做。但是按照她的学历，朝九晚五的办公室工作做不了，而她又不愿从基层做起，就这样天天无所事事混日子。结果到手的 15 万元，头一个月就花了 2 万多元，这下她才慌了。

恰巧，熟人介绍给她一份不错的工作，工作难度不大，而且有固定工作模板，每天只需要上班打卡到税务局办业务，还不需要下班回公司打卡，双休，朝九晚五，就是工资略低。然而，这位姑娘一听，立刻横眉冷对，"这工作太难，我做不来。而且上班太远，辛辛苦苦一个月，还不够买件大衣呢。"

其实，不是工作太难做，而是她太想不经过努力，就能轻松成功了。工作体面，朝九晚五，薪资又高，这样的工作麻烦给我来一打？

姑娘的姑母劝她说："从小学到大学毕业，努力了 16 年你才迈进国企的门槛，每个月拿不到 4000 元的薪水，奋斗了十年才开上价值五六万元的车。你没有学历，没有特殊技能，又没有强大的背景，什么苦都不愿意吃，凭什么就想轻松拿到和别人一样的工资？"

生活不是你以为的那么容易，也不像你想象中的那么艰难。谁都有过上好日子的愿望，但多数人没有付出过相应的努力。

有一首歌的歌词中唱道：没有人能随随便便成功。伟大不是一蹴而就，是要经过一番风雨后才能见到彩虹的。要想成为厉害的人，就需要有吃苦的精神。台上一分钟，台下十年功，厉害是一步步攒出来的。

我的老板就是这样一个人。最初来到北京只想走出来，看看外面的世界，找一份自己喜欢的工作。在最初的工作中，他遇到了很多困难。生活最窘迫的时候，他甚至连房租都支付不起。

接下来每一份工作，他都能学到自己想要的东西，增长自己的见识，提升自己的技能。大约几年后，他逐渐在行业内声名鹊起，很多大的公司挖他过去做顾问，为公司谋划布局和创新发展。

在行业内，他几乎熟练掌握了各个链条上的技能，扎实的基本功，加上出色的管理能力，使他想要更进一步地突破自我。在为别的公司出谋划策的基础上，他也开始寻找自己的未来之路。

他利用自己十余年的专业积累，成为这个行业的佼佼者。在看似他就要这样稳定地发展下去时，他又出人意料地来了一次华丽的转身。他开始迈向新的领域。

十余年专业知识的积累加上对未来前瞻性的思考，他选择了最具潜力的发展方向。获得多家机构的投资，他走上了创业之路。在这条路上，他砥砺奋进，勇敢前行，短短几年时间，就打造出一支领先行业的团队。

"深夜里没有痛哭过的人，不足以谈人生"，现在我们看到他谈起当年艰辛往事时，总觉得云淡风轻，谁知道他笑容的背后，是多么的勇敢和努力。

看到别人如此厉害，那么怎么让自己也变得很厉害呢？那就是超预期完成自己手上的每一份重要的工作。什么是超预期交付？它有三个重要的工作线索：

第一，超出同事和领导的预期去完成任务；第二，超出自己上一次的表现完成任务；第三，除了关注自己的本职工作，还要向上游和下游延伸自己的工作，为自己的工作效率和工作效果负责。

超出同事和领导的预期，这个应该不难找到方向，我们甚至可以直接去问问同事和领导，对自己的工作还有哪些期待，怎样做得更好。超出自己上一次的表现完成任务，这个更加简单了，就是比上次任务完成得更好。比如更早完成，提前上交，质量更高，方案更多更完善，这些都是超预期交付。还有就是在工作中，不能只守着自己眼前的一摊事，要为最终的结果负责，我们要积极介入上下游同事的工作，做到多提醒、勤跟进、速反馈、给方便。

雄鹰展翅高飞任意翱翔，是因为它积伏数百日待养羽翼丰满才能实现；别人成功的荣耀和光环，是因为他们夜以继日、日复一日地付出与积累。渴望成功，觊觎别人成功背后的无限荣光，却不愿脚踏实地地付出。我们中的大多数人，来也匆匆去也匆匆，在自己的人生履历上画下了一个个逗号，却始终未能给自己写下一个圆满的句号。

《菜根谭》中云：伏久者飞必高，开先者谢独早。成功是一个不断沉淀，不断积累，进而才能厚积薄发的过程。一个人的厉害，不是朝夕就能够体现的，它必定是经过千万次努力造就的。你想要的厉害，是一步步攒出来的。在成长的路上，无论知识或是技能，皆需要我们去储备，一定只有这样才能通向成功。

5. 越高级的目标，越需要延迟满足

我在知乎上看过一个励志的追星故事。

有个姑娘喜欢一名美国明星，她为自己定下了一个目标，用十年的时间见到自己的偶像。

她先考上了自己心仪的大学，然后准备托福。考过托福后，她加入偶像某工作项目的主办协会，并积极参加协会里的各种活动，终于获得了一次和偶像见面的机会。

而这时，距离她在电视里第一次看到偶像时，已经过去了十年。

出人意料的，平日里爱骂追星脑残粉的网友，却对她的这段"追星"经历大加赞赏。因为她完全依靠自己的努力和韧劲，一步步努力接近目标，最后实现了自己的目标。

如果她只是盲目地奔袭目标，那么充其量不过是任性的追星族。正是因为她凭借长线目标为自己制定了合理的计划，她才在追星的同时，改变了自己的命运。

无独有偶，我的一位讲师朋友在他的一次培训讲座上描述他是如何一步步实现自己梦想时讲道：

第一，当我们想要做成某件事时，为自己设定的目标需要具备可操作性，不能太空泛。

第二，注意记录每个阶段的成果，要有清晰的目标反馈结果。不要把目标欲望的满足感提前透支。

他用这个方法做成了很多事，比如，他把一周需要做的事拆分成小目标；把"下次达到什么段位"的目标改为"争取有一点点进步"，集中攻坚之后再提升目标。使用这个学习方法之后，他开始慢慢进步。

他说，自己最胖的时候将近 200 斤，为了减肥，他给自己定下的第一周目标，不是减多少体重，而是让自己养成坚持锻炼的好习惯。

为了达成这个目标，他对自己进行各种鼓励和暗示：不管早上、中午、晚上哪个时间段运动更科学，也不管做什么样的运动，只要自己能坚持半个小时以上的运动就是胜利。

第二周时，他在保持上周记录的同时，在饮食上进行了改善，每次坚持完成任务，他就给自己一点小小的奖励。

第三周，他加大了一点运动量，时长从原来的半个小时延长至40 分钟。这样循序渐进，能减的时候就减一两斤，不能减的月份里，保持体重不上升也是一种胜利。

实现一个个小目标后，他恍然发现，自己竟然真的练成了当初期待的好身材。更重要的是，他在完成自己梦想的过程中，找到了对生活掌控的感觉，实现目标的过程，也让他找到了久违的幸福和满足。

就这样，他放弃了即时满足的口腹之欲，达成了健康的长期目标。

为什么要延迟满足呢？欲望是无止境的，一个短线的目标只能满足一时的欲望。要获得更长久的幸福，就越需要建立一个长线目标。越高级的目标，越需要延迟满足。

有人用"相对论"解释时间的长短。

比如，我们做一件我们不太喜欢的工作时，会感到很烦、很累、时间过得太慢。但我们打游戏时，半天的时间总是一晃而过，一点也不觉得烦恼。

这是为什么呢？

其实，打对抗、消耗型的游戏，并不是一件轻松的事。而我们喜欢它，归根到底是喜欢它的奖励机制，这种机制符合我们大脑的欲望机制，所以才能刺激我们不停地玩下去。

比如，打完这局，我们就可以得到一些金币。打完下一局，我们可以升到另一个段位。总而言之，游戏的奖励机制无处不在，这种机制让你随时可以感到自己的付出很快就能得到回报。

感受到即时反馈，在短期内获得利益和回报，非常符合人类大脑的运行机制。

那些需要我们长线投入精力去学习、思考的事情，都是我们大脑不喜欢的；马上见效，给予我们短期利益的活动，都是能快速刺激我们大脑，提升大脑兴奋度的事。

其实，高效的时间管理，内在机制与游戏并没有太大区别。和游戏一样，我们可以给自己设置一个又一个阶段性目标，让自己不至于茫然失措，又不至于因为快速达成目标而失去对这项游戏的兴趣。

大部分沉迷于游戏的人，是沉迷于自己达成一个个目标时的成就感，这种即时满足的欲望会吸引着他们不断陷入其中。

其实，那些即时满足所带来的快乐无法持久，只有目标持续满足带来质变，才会让人产生幸福感。

为了达成小目标坚持努力的过程，就是管理时间的过程。

这套目标的运作模式，也可以完全迁移到生活中来。

一个人之所以会感到迷茫，就是因为他们的生活中没有目标，失去了可期待的方向感。

人的迷茫中有一大半含着对未知的恐慌，而克服迷茫最好的方法就是先树立一个容易达成的目标。在力所能及的小事上率先要求自己，让自己习惯这套行为模式，再慢慢扩展到更大的人生目标。

有个朋友说起自己为了考研理想奋斗时是如何管理时间的——她就是用游戏来比拟学习任务。

她把自己所有要考的科目，当作游戏中的小目标。比如把单词做成便利贴，贴在房间四周，背会一个就代表着赚到多少金币；把刷题的试卷看作每周的小boss，达到一定分值就奖励自己看一次电影；把一个季度要看完的书当作自己刷到的秘籍，看完一定数量就奖励自己看一本课外书籍。

通过这套方法，她如愿以偿，考上理想学校的那一刻，她真的感到自己就像一个脱胎换骨、一身金装的大神了。

唯一不同的是，游戏中的快乐转瞬即逝，而她的幸福却持续了很久。这套目标切割的模式，还能迁移到很多事情中。

其实，实现目标的过程，就是不断给自己希望的过程，也是延迟自我满足的过程。

当我们有可期待、可实现的预期目标时，我们的生活才有希望。

所以，我们的初期目标一般不能预设得过于高远，但也不要唾手可得，因为任何唾手可得的东西，都会破坏我们的期待感。

越高级的目标，需要延迟满足的时间就越久，需要付出的时间也就越多。当我们真正做到时，获得的将不仅是瞬间的快乐，而是充盈灵魂的幸福。

part 5

如何高效
管理你的空闲时间

自己不懂的东西从来不做也不乱讲，专注深耕一个细分领域，一直做到行业顶尖。

1. 习惯是通往高效卓越的最扎实路径

一位曾经做过助理工程师的研修班的学员，他跟我讲过他的一件事。入职新公司，因为他是新员工，所以常帮大家打印文件整理资料。他自认为这样做很高明，可以拉近和同事的关系，还能尽快融入团队。没想到，时间久了，同事们连冲咖啡、订外卖这样的琐事也直接找他代办，他彻底沦为了跑腿小弟。

当然，这还不是最头疼的，最头疼的是总经理常会临时为他指派任务，要求高且时间紧。不管他手头有多少活，只要接到指令，就要第一时间出结果。他整个人就像被不断鞭打的高速旋转的陀螺，疲惫又焦虑。

由于事情繁杂，很多事情做到一半就被迫叫停，转而去做更紧急的事，加班加点更是常事。这导致他的精神状态非常不好，甚至一度出现抑郁。一次偶然的机会，他看到一位入职七年的同事每天的工作量并不比他少，可在大家眼里，他常常是一副不慌不忙、从容不迫的样子，而且从不加班。

同事告诉学员："其实没有什么秘诀，我只是每天花些时间梳理工作，形成工作条理。"

"可是，我每天的工作都是临时追加，毫无计划性。而且个个来头都很大，谁也得罪不起！"同事无比悲催地诉苦。

同事仍然无比淡定："打开电脑，第一件事就是将待办事项梳理一下，先别忙着动手，而是列个简单的日程。如果遇到急事急办，其余的也要排个先后次序。每次接到任务，最好明确一下工作的紧急程度和时间节点，慢慢形成自己的工作习惯，就不会出现手忙脚乱的感觉了。当然，最重要的一点，不属于自己的工作，要学会拒绝。"

梳理待办事项，在工作中形成良好的习惯，对我们职场上工作的人非常重要。好习惯能够使我们更加高效，只要坚持下去，你一定会走向卓越。所以说习惯是我们通往高效和卓越的最扎实路径。

自此，学员开始试着梳理，这才发现自己每天的工作时间其实安排得并不很满，只是很多事情在时间上有冲突，才会让自己顾头不顾尾。

其实，每天多花几分钟，将工作理顺，所有任务就都能有条不紊地依次进行。即使中途插入临时工作，也能很快作出调整，依次顺延，再也不会因为被催进度而感到焦虑了。

做事有条理，其实有很多益处，不但可以节省很多时间，还能够提高效率。那么我们在工作中如何做到做事有条理呢？

首先，要做好清晰的规划。一个好的规划，能够让你有一个完整的工作思路。对工作有了整体把握后，你就知道什么时间该办什么事情，就不会在工作中出现手忙脚乱的状态，大大减少焦虑感。

其次，要分清主次。分清主次就是要抓住工作的重点。重要的事情提前做，次要的事情往后放。分清主次有利于你找准工作的重心，避免眉毛胡子一把抓，什么都想做，最终什么都没有完成。

虽然一开始会花费很长时间适应，但等好习惯养成，就可以快速进入工作状态，减少因方法不得当而造成越忙越乱没有效率的浪费。

我常听到大家抱怨："我都忙飞了，恨不得开挂！"，"工作一团麻，没有一点儿头绪"等。通常，造成这种情况的原因就是做事没有条理、没有计划，在没有理清思路的情况下匆忙上阵，可等做了一半才发现，还有比这更简单的方法，或者紧急的工作。有时任务一多，自己就先慌了，结果往往差强人意。

每个企业都在讲高效管理，甚至还聘请专业讲师讲思维导图，番茄工作法。然而，课倒是听了不少，收效却甚微，更遑论应用。

　　培养有条理的工作习惯，真的那么难吗？不尽然，最主要的原因就是我们缺乏主观能动性，有怕麻烦的心理在作怪。

　　我的一位朋友小郭是一家高新企业的资料管理员。众所周知，管理资料的工作非常繁重。而小郭的部门不但要承接来自公司的技术资料和管理资料，还有申报专利和标书装订工作。除此之外，日常部门对接以及技术文件的发放等也属他管辖。

　　但是，同事每次到他们部门找资料，他都能不慌不忙地翻看记录，告诉你资料在哪个文件柜、哪一排，从未出过错。

　　一开始大家并未觉得有什么，直到小郭请假期间，公司抽调了三名同事来暂代他的工作。那几天，资料管理工作只能用鸡飞狗跳来形容，图纸跟不上，生产几乎停滞，办公室里一团糟。后来大家一起动手，才勉强应付过去。他们这才发现，小郭的工作不是谁都可以胜任的。

　　大家纷纷感叹，原来他一个人管理那么多工作还能做到有条不紊、从容自如地满足正常生产，简直太神奇了。

　　大家纷纷向他取经，小郭却云淡风轻地告诉大家：这其实也没什么，提前做好分配和基础的条目整理，每天花时间梳理一下当天的工作，分出哪些是重要又紧急的，哪些是重要但不紧急的，哪些是紧急但不重要的，哪些是不紧急又不重要的，按照这样的顺序，重要紧急的工作优先处理，就不会出现临时插活而手忙脚乱的情况了。

工作中，你是否常常觉得时间越来越少，工作越来越多，负荷越来越重？于是，忙、乱、多成为你低效率工作和工作完不成的托词。然而，究竟是时间越来越奢侈，还是你越来越跟不上节奏？也许你要抱怨，每天光是电子邮件和日常处理，协调部门之间的工作，就要花费你大量时间，更遑论还要求对工作要有所创新。

其实，条理化工作就是要把自己的工作分配好，在日常的工作中形成习惯。需要亲自完成的就得加快时间，那些需要协调的工作，就交给专门的人员去处理，这会达到事半功倍的效果。很多时候，不是时间真的不够用，而是我们把过多精力放在了不该操心的地方。所以，当你学着把工作进行管理，将系统的工作合理化分割、规划，按照清晰的类别、时间节点有条不紊地完成时，不但能够保质保量，还能让你在繁忙的工作中游刃有余，在人才济济、竞争激烈的职场中脱颖而出。

时间管理并不在于管理时间的长短，而是养成合理利用时间的好习惯。当好习惯成为一种习惯引力，那么无论你在何时何地，面对什么样糟糕的情况和纷繁复杂的局面，你的大脑都会在习惯引力的牵引下第一时间作出判断，快速分清主次，理出头绪，保持有条不紊的办事节奏。

一个好习惯的养成，可以让你受益终生。它不仅能够让你从容应对各种棘手的局面，还能保证你在追求卓越的路上，拥有无与伦比的能力加持，更加出色地胜任各种角色。

2. 与其盲目坚持，不如及时止损

前段时间，我在网上看到一则新闻：张先生无意中被拉进一个炒股群，群主定期发布一些新股申购信息。一开始，张先生只是觉得好玩，没放在心上。后来，看到群里接二连三分享挣钱的照片，张先生内心开始蠢蠢欲动，按照发布的申购信息，他进入群主提供的网址并购买了一只股票。虽然购买的金额不大，但是没两天他就双倍获利，钱也很快到了账上。

尝到甜头的张先生很快又追加了几万，这次同样盈利并很快兑现了。随后，几只股票虽然有输有赢，但整体收入依然非常可观，张先生认为该网站比较可信，于是，就将网站推荐给了身边的亲戚朋友。

张先生和亲戚朋友花了大量资金申购新股。但没过多久，他就发现无法登录该网站，群主也联系不上，这才意识到自己可能上当受骗了，于是赶紧报警。

无独有偶，我表弟毕业后，在省城一家外资企业上班。和他同时进入公司的同事，要么被其他公司挖走，要么跳槽，薪水是他的好几倍，他却一直留在公司不温不火。表弟在这个行业堪称翘楚，如果到别的公司肯定要按年薪计酬。而他现在的公司随着市场不稳定，股东重组，新 boss 不仅取消了晋升机制，还规定薪酬待遇终生不变。

这时候，表弟做了爸爸，加上房子月供，明显捉襟见肘。他也想过跳槽，但考虑到在公司工作这么久，如果进入其他公司又要从头做起，便一直犹豫不决。就这样，表弟一边抱怨薪水太低、工作三班倒，一边又不敢跳槽，日复一日地在抱怨中蹉跎光阴。

步步高、OPPO 和 vivo 的幕后股东段永平曾在斯坦福大学分享自己成功的秘诀——"不为清单"，简而言之，就是不做不对的事。发现错误，及时止损，这时你投入的成本最小，损失也能降到最低。

现实中，很多人明知有错，却依然抵挡不住短期诱惑。等到真正酿成了巨大损失才悔不当初。其实，如果做事之前有自己的不为清单，知道哪些事情可以做，哪些事情绝不能碰，或者发现错误之时能够及时止损，这样既能节省时间成本，又能避免精力和人力的浪费，不断修正前进的方向。

除了发现错误及时止损，你会发现还有一种现象：有些事情投入得越多，收获却不见得越来越多。就像你在一条路上走了很久，却始终没有到达向往之地，你不知道是该继续坚持，还是就此放弃。

虽然大部分人口中高喊坚持,可有的时候,选择放弃,及时止损,却比坚持更为艰难。有的事或许从一开始就是错的,那么,不管你如何坚持,如何努力,都只会让损失越大而已。

前不久,从日本回来的朋友开了家火锅店,试营业时请我们这些老同学去捧场。其实,这并不是他第一次创业。还记得三年前,他豪情万丈地携带自己在日本打工赚得的第一桶金,回国开了家高级餐厅。

那次,我恰好全程参与。从餐厅选址、装修,再到聘任厨师,朋友可谓是殚精竭虑。然而,餐厅的经营却举步维艰,在勉强苦撑了三个月后,只好惨淡转手。打工挣的100万眨眼蒸发,还赔了20多万。最后,他父母帮着他一起还钱,而他也只好再渡日本。

朋友的做法让我一度纳闷,为什么创业只认准开饭店这一条路呢? 他呵呵一笑说:"做吃的好啊,大家都离不开吃饭。而且开饭店门槛低,资金回笼快。"

他的想法固然没错,但他的火锅店只维持了不到半年就转手他人了。开始生意还凑合,可惜后来城市改造,人流量缩减,生意入不敷出。再加上饭店事务繁多,雇人又不合算,结果本金还没捞回来,人却累坏了,最终还是失败告终。

在我认识的所有人中,朋友一直都努力上进,工作很拼,生活认真,做事专注。这样一个努力生活的人,却一次次创业失败,非但没能让他华丽逆袭，反而让他越陷越深，最终损失惨重。

于他而言，如果能够及时认清自己的短板，果断退出，虽然会有所损失，但也是在可承受范围之内。然而他却心有不甘，选择死撑，甚至觉得自己还有翻盘的可能，于是盲目地相信自己可以力挽狂澜，扭亏为盈。正是因为心中这点不甘，不愿意放弃自己付出的辛苦，以及投入的大量金钱和精力，所以，他才会一而再再而三地冒险一搏。

与其盲目坚持，不如及时止损。要想使损失降到最小，就应该及早看清自己坚持的事情是否值得继续下去。如果认识到坚持本身就是一个错误，那就越早结束这种状态越好，否则只能是越陷越深，最后追悔莫及。

人都是感性生物，很容易深受内在恐惧的影响，或者对未来抱有不切实际的幻想，不能勇敢地承认错误，客观地接受失败。他们选择"做熟不做生"，比起推倒重来，更容易寻找机会获得重生。他们更愿意去接受已有的东西来规避短暂的损失。因为相比于被人性的弱点所驱动的坚持，选择放弃曾经的付出，从零开始反而需要更大的勇气。

当然，也不排除是因为放不下我们所认为的面子和自尊，不愿意承认技不如人。付出的成本越高，就越有理由说服自己坚持下去。

就像有的人，花高价买了名不副实的东西。尽管知道这东西根本一文不值，却不愿承认是因自己的愚蠢而上当受骗，反而在外人面前不断强调这东西的性价比高，物有所值，逼着自己接受这个错误的暗示，并继续使用这个一无是处的东西。这样做，只是为了他那点可怜的自尊和可有可无的面子，可结果却让他付出了成倍的代价。

管理学大师彼得·德鲁克曾说："人生最悲哀的，莫过于用最高效的方式去做错误的事情。"

是的，如果连奋斗方向都是错的，那么我们在坚持不对的事情上付出越多，代价就越大。原本只是做一件事，最后却不得不做几件事情去弥补。这时你的坚持，在真相面前将毫无价值。

坚持不一定就是对的，还要懂得及时止损。与其惯性盲目地坚持，不如及时止损，让过去的过去，让未来的尽早到来。

3. 人生的距离，往往在闲时拉开

我有一位朋友在公司上了一段时间班后，每次聚会的话题都是：现在好累，我要学一点新东西，才能方便我找到更好的工作。

我说："你想学就赶紧学啊。"

他说："那不行，现在的时间太碎了，我完全不能静心，要是能空出整段的学习时间就好了。"

我告诉他：成年人的时间大部分都不属于自己，要想好好学习的话，最好的办法就是把琐碎的时间利用起来。

每个人都知道时间管理的象限法则，又紧急又重要的事情，我们当然知道要优先处理。关键是，我们常常会忽略重要但是不紧急的事情。

其实，如果把我们要学习的新技能当成是一件重要但不紧急的事情，我们就知道该如何分配时间了。

比如我这位朋友，他的公司不常加班。一天 24 小时，8 个小时睡觉，8 个小时工作，另外 8 个小时，就是属于自己的机动时间。

一周五天或六天工作，两天或一天休息。这样算算，其实我们的闲暇时间并不算少，但我们从来都没有重视过这个时间。

我们总是和我朋友一样，想着"要是有整段的时间给我学习就好了"，然后因为生活所迫，就这样无止境地等待下去。

我刚参加工作时，公司领导告诉我，她找到第一份工作的时候才20岁，那时她虽然只是刚毕业的小姑娘，却有一种初生牛犊不怕虎的劲头。

刚工作时她是公司的文秘，财务主管经常安排她做一些财务部门的工作，她便很快学会了基础的财务知识。某一次，公司分配了一项融资任务，财务总监忙不过来，她就自告奋勇："要不我试试先帮你准备资料。"对方将信将疑地把任务指派给她，她利用自己的休息时间查资料、看视频，恶补相关知识。靠着这次融资的实践机会，她学会了很多审计方面的知识，顺便还考了一个审计师资格证。

很多事看起来高大上，但实际操作时，只需要努力加时间就能做到。

我也一度认为，一个人只有拥有充分的时间，才能做成某件事。其实并非如此，把有限的时间用在做一件事情上也能成功。

这里所说的有限的时间就是指我们平常闲暇的时间，谁能利用好这部分时间，谁就能超越大部分人。

"等我们有充分的时间了再去做这件事"，听起来很美，但当其无法实现时，最好的方法就是利用好零碎时间。

我们要有意识地让自己利用好时间，有意识地主动付诸行动。

我曾经看过一个颇为触动人的视频。视频的主要内容是：一个人为了梦想，用工作之外的时间修复壁画上的颜色，十年时间坚持不懈。

在我们追剧、打游戏的时候，还有一些人默默发展着自己的爱好。我曾看过一个新闻报道：女孩业余学画画，花十几年的时间给动物画像，逐渐成了画家。网站把这个姑娘所绘的图画一幅幅展示出来，与十几年前稚嫩的笔法相比，现在姑娘精湛的画技震撼了每一位观众。我特意翻看了新闻下面的留言，姑娘回复说，她是一个慢慢把副业发展成为主业的人。

正因为她把所有的业余时间都用来发展自己的爱好，所以她才成为了一个真正的画家。

某年高考时，有个19岁的考生因为特别擅长折纸，被哈尔滨工业大学降分录取。他说，自己的空闲时间全部献给了折纸，所以在折纸这件事上开花结果也是必然的。

你的时间在哪里，你就在哪里开花结果。

不要等着天上掉下来的人段时光，利用空闲时间去耕耘自己热爱的事业，才是真正意义上的时间管理。

这个世界最公平之处就在于，任何东西都需要靠时间的积累，没有一蹴而就的成功，也没有天上掉下来的馅饼。利用好自己的闲暇时间，才会把自己的人生活出全新的高度。

4. 时间管理的高手，都是会休息的人

电视剧《欢乐颂》里的赵医生，在医院是斯文谨慎、技术精湛、悬壶济世的外科医生；在朋友面前，他就化身为一个机智有情趣喜欢看《火影忍者》的资深漫迷。这个巨大的反差，让认识他的安迪大跌眼镜。

你无法想象，一个英俊儒雅、技术过硬的帅气医生，居然会喜欢动漫这类小孩子才喜欢的东西。他只是在玩吗？不，他是在休息，这是另外一种放松方式。

我听过这样一句话：一个不会玩的人也不会学。当然，此玩非彼玩。

这个玩，指的是如何充分休息。只有会休息的人，才能有更充沛的精力投入到工作当中去。真正的牛人，都是长线作战，能保证自己在长线作战中拥有充沛精力的，关键就是要学会休息。

有个朋友曾经告诉我，他能做好很多事情，因为他会休息。

这个休息，不是打游戏，也不是刷手机。那么，到底什么才是

真正的休息呢？

关于这件事，我跟大家说说我的情况：我把需要耗费大量精力的事情都放在每天上午做。集中精力攻坚一段时间后，大脑会感到疲惫，这时我会喝一杯咖啡，然后休息二十五分钟。

你很难想象地产大亨、SOHO 中国的掌门人潘石屹每天要处理多少事项，然而，不论工作有多忙，他每天都要抽出时间，放下光环像普通人一样在北京街头慢跑。曾经有人问他，"你为什么喜欢跑步？"他爽快地哈哈一笑："最初跑步只是为了减肥，但慢慢地，我体会到了跑步的快乐。"

再厉害和成功的人，都有被焦虑压力和繁杂事务裹挟的时候。一忙起来他们就像高速运转的陀螺，但他们都有一个很好的技能：会休息。

会休息也是一门技术活。

在如今快节奏的大都市里，"会休息"的人更懂得管理自我，他们有一套严谨的时间概念，知道哪些时候该惜力，哪些时候要拼搏。不管面对什么样的困境，他们都能用自己的方式，暂时忘却压力和烦恼。

"会休息"是一种职业能力，和沟通、表达、讲演、时间管理一样，是你实力的一部分。

我的一位朋友在外企工作，做过中国分公司总经理的助理，朋友的总经理叫做安东尼，他是一个有趣的法国人。

作为中国分公司的掌门人，安东尼非常忙，经常在中国和法国之间倒时差。不仅要处理分公司的各项事务，还要经常到总部开会。安东尼有一种特别的能力，就是可以抓住一切时间休息。无论在旅途几个小时的飞机上，还是在十几分钟车程中，他都能在极短的时间内快速补觉，哪怕是眯上几分钟，等他到达目的地时，就能精神抖擞地投入工作。

当你写了一天的文案，开了一天的会议，结束一切回到家中的时候，你迫不及待地想躺一躺，想休息一下。其实，这是个错误的认知。

固然，睡眠是最好的休息方式，但这并不是针对所有人，它主要对睡眠不足的人和体力劳动者有用。作为一名脑力劳动者，当你整天坐在办公室，大脑一直处于极度兴奋状态，但身体却处于低兴奋状态，睡眠对你起到的作用并不大。你需要做的只是找件事情把紧张的神经放松下来，这样你就理解为何假期旅游自己依然感到疲惫，而下班后游泳半小时却能神采奕奕。

当然，休息和玩是两码事：休息是恢复精力和体力，为下一次工作做准备。

而玩是娱乐活动，是为了满足感官刺激。

周六周日，你想呼朋引伴高兴一下，于是深夜追剧，熬夜撸串，彻夜玩游戏，第二天拖着严重消耗的身体上班，比熬夜加班还累。逢年过节，本该好好休息，你却收拾行装，奔赴海南，舟车劳顿，身心俱疲，出去放松旅游比拓展训练还累。其实，这都是不会休息的表现。这样不但没能让你的体力得到恢复，反而消耗过大，使你更加疲劳。

相比之下，跑跑步，做做瑜伽，或者是带家人去公园转转，效果可能更好。因为真正的休息，不是为了爽，而是为了更好地工作。

休息是为了给自身充电，每个人在疲惫的时候都需要充电。我特别提倡"精确休息"的观念，它能够让我们快速充电。手机电池是脆弱的，越用容量越低；但人是反脆弱的，锻炼身体可以提高你的电池容量。手机不会因为充完电而喜悦，而人在休息和锻炼之后情绪会变好。

除了充电，我们还需要省电模式。最近苹果出了个丑闻，说程序主动降低 iPhone 的性能来成全老化的电池。消费者对这个做法非常反感，但是这么做对人似乎有道理。如果你现在能量很低，应该把自己调到省电模式，就不要做那些特别烧脑的事情了 —— 因为能量低的状态下你也做不好。

朱光潜先生曾在《谈休息》中说："休息不仅为工作蓄力，而且有时工作必须在休息中酝酿成熟。"

我曾经一起合租过房子的一位室友是个工作狂，常常加班到很晚。周五晚上他从公司回来，进门第一句话就是："这几天画图太累了，周六我要去外面疯狂玩一天！"

对他而言，休息就是换换脑子而已。

每天睡到自然醒，养养花、逗逗狗的日子也好，早出晚归、披星戴月天天加班的日子，过久了，任谁都会觉得乏味疲倦。

什么是最好的休息？更多时候，休息是一种放松的心态，学会享受生活，享受人生的清风朗月才是正解。它会在你紧张有序的生活中增加一味调味剂，让寡淡无味的人生多一抹亮色和不一样的风景。

永远不要想"等我有钱了就开始周游世界"，那样你永远得不到真正的快乐。

过程比终点重要。若只为终点，过程将会变成煎熬，容易半途而废。而且一旦到了终点，你就很难再开启新的旅程，因为那时你已内耗过大，没有精力和勇气进行下一段旅程。

真正智慧的人都是会休息的高手，终点只是暂时的驿站，过程才是生活本身。

生活没有真正的终点，除非到了岁月的尽头。如果你只为了享受终点的胜利，那么生命对于你将没有任何意义。因为，你的人生就是由一个个过程组合在一起的绮丽风景。

5. 多线作战，做自己的"斜杠青年"

　　我有个表妹工作特别辛苦，为了使自己晚上能够睡一个安稳觉，她每晚睡前都喝一小杯红酒。每次喝完，她就从网上或者红酒店再买上一瓶。

　　表妹的职业是一家科技公司的技术主管，每天工作起来非常耗费脑力，用脑多了晚上就不容易入眠。听一个朋友介绍说，晚上睡前喝点红酒既能帮助睡眠，又养颜美容。

　　她选红酒，最初也不分价格和好坏，网上买就看评论数，好评多的就入手。实体店她一般都是由店员推荐。后来偶然一次，一个朋友给她推荐了一款非常不错的红酒，她喝了后，觉得很棒。再一次去购买的时候，那款红酒库存告罄。

　　她为了找到同款红酒，买了一本关于红酒的书，每晚品尝自己亲自选的红酒感觉非常惬意。经过大半年时间，她逐渐对红酒有了研究。产地、年份、等级、口味等她都能信手拈来。慢慢地她成了单位的红酒达人，经常帮同事推荐红酒或者帮同事辨别真伪。

　　再后来她甚至业余开办了红酒品鉴培训班。她发现国内很多人喜欢喝红酒，但是对红酒了解不是很多，觉得这有可能是一个商机。最开始她免费培训，后来逐渐收取一些费用，现在她成为了红酒培训业内的佼佼者。

　　现在，她不但是科技公司的技术大拿，还是红酒培训的明星培训师。她利用自己业余时间，培养自己其他的专业能力成为人人羡慕的斜杠青年。

　　时间对我们来说并不是整块的，而是被分割成无数碎片。利用这些碎片化时间培养多种能力，是非常了不起的。"多线作战"已经成为现代人最重要的职业技能。

　　当然，在这个凡事都讲究效率的时代，每个企业的管理者，都恨不得手下的员工一专多能，个个都身怀绝技，十八般武艺样样精通。既可以节省企业的用人成本，也能方便企业的人才储备和资源调配。

　　就个人而言，多线作战也是职场竞争的一把利器。如果你是一个优秀的管理者，同时也是一个技术过硬的高级工程师，那在优胜劣汰的企业环境里就相当于多了一生存通道。这不仅可以成为你升职加薪的筹码，也是让你脱颖而出的"金手指"。

　　当然，多线作战最关键的因素就是时间成本。因为无论做任何事情，你都要投入时间，如果连时间都吝啬，就妄谈成果。

格拉德威尔在《异类》中提出："人们眼中的天才之所以卓越非凡，并非天资超人一等，而是付出了持续不断的努力。一万小时的锤炼是任何人从平凡变成超凡的必要条件。"

这就是人们奉为经典的"一万小时定律"。按照这个定律，你想在某个领域有所作为，必须投资足够的时间。简而言之，就是10 000 小时。

我有一个表弟，现在还是大学生，但是已经月入过万。

试想一下，很少有大学生月入过万吧！他就办到了。一个年轻人怎么会月入过万呢？他是靠一口流利的英语，兼职去做口语翻译赚到的。

高中的时候，他的英语一塌糊涂，基本的口语对话都说不流利。一次偶然的机会，在一个外贸洽谈会上做志愿者，他看到一个初中生负责口语翻译，说得非常流利，连外国人最后都竖大拇指称赞。

他看到一个初中生都这么厉害，深受震撼。他开始严格要求自己，晚上在楼道里听英语，去操场上大声背诵英语。短短两年，他就一跃成为班里英语的尖子生。

高考的时候，他英语更是以全市第一的成绩考上了理想中的大学。到了大学，他仍然坚持不懈，靠着自己高度的自律，他成为学校有名的"外国人"。

他利用口语做兼职翻译，做家教等，收入每个月能够超过一万元。他把兼职赚回来的钱，给自己买了很多计算机编程方面的书，决定要再掌握一门技能。

表弟还没有走上社会，即成为我们眼中的斜杠青年了，他坚持不懈，把时间用在成就自己的英语口语上，实现了多线作战。将来走上社会后必定会有一番作为，肯定能够超越很多同龄人。

一万小时对于普通人来说，确实很难，可对于志向远大的人来说并不是特别难。把时间用在某一项工作中，经过千锤百炼你也可以成为某一领域的专家。

现实中有很多人，看到别人多线发展非常羡慕，却总是停留在羡慕中，没有实际行动。当看到身边亲近的朋友在画画上取得成功时，很多人都会酸溜溜地说：会画画有什么了不起，我的绘画水平比她高多了。只不过因为我太忙，没有时间去发展这项爱好。如果我早在几年前就坚持，说不定现在比她还出名。

多线发展，你也会成为斜杠青年的。不要每条线都浅尝辄止般努力，要先在一条线上投入时间和精力深耕，然后再去开发别的方向。如果能够做好时间管理，选个两三条线努力尝试，最终形成自己独特的技能，那就已经很了不起了。

时间分配，决定了我们的人生高度。是时候想一想，今后的人生究竟该走向何处，把自己有限的时间、精力和资源合理配比，打造自己想要的人生。

　　雄鹰之所以飞得高远，是因为它的目标在远方。麻雀眼中只关注一粒米，一颗粟，所以它注定只能仰望雄鹰。当你有了目标，又愿意花费一万个小时去坚持，那么你开始就站到了别人无法企及的高度，成功也只是**时间长短的问题**。

part 6

提升心智，
用正确的方法做正确的事

停止内耗就要学会断舍离。剔除身边不合适的，留下最适合、最有用的东西。

1. 你的时间有限，请停止内耗

前不久，刚刚转做业务的朋友接了一个大客户。经过几番沟通，朋友帮客户配置了一条最符合他当前要求的生产线。没过多久，对方就提出要实地考察。听到这个消息，朋友很开心，因为这意味着已经得到对方的初步认可，可以继续往下谈合作了。

于是，朋友就陪客户到公司实地考察了一番。后来又经过多次沟通，对方对价格也没有异议，准备签合同。接下来，就是等待对方确定签订商务合同的准确日期。

对此，朋友感到非常开心。但在不久前，客户忽然联系他说，公司其他业务员给他打电话了。

听到这个消息，朋友一下懵了。眼看到手的客户就要被截胡，他非常生气，情绪激动。于是，他整日在家骂公司销售制度不完善，同事毫无节操，公司高层不作为，面对不正当的竞争行为睁一只眼闭一只眼。自己辛辛苦苦打下来的江山，眼睁睁就要被人撬走。

由于事发突然，接下来的几天，朋友很是无精打采，做什么都提不起劲，总是意志消沉，唉声叹气。最折磨人的是，他看谁都像是那个半路抢客户的人，为了找出这个内鬼，他耗费了大量时间和精力。

就在他惶惶不安、忧心忡忡的时候，客户终于确定了签约日期。见面一聊才得知，真相完全不是他臆想的那样，是其他公司业务员给客户打去的电话。他之前的猜测都是过分担心，所幸结果并不是他想象的那样。

很多人都有这种感觉，常常觉得累或者压力山大。但平心静气地想一想，大多数烦恼都是庸人自扰，过分的担心只会让自己的情绪烦躁，对事情本身毫无助益。原本忐忑不安的你，因为想得到太多反而更容易迷失在过度的危机意识里，这些负面情绪影响了你的判断，使事情偏离了原本发展的走向。

其实，在生活和工作中，琐碎和繁忙都不算什么，只要你不乱于心，不困于情，不念过去，不畏将来，平心静气从容应对，根本就没有什么好担心的。如果看到路上飞驰的汽车，就想到未来可能有车祸发生；听到小孩丢失的新闻，就整天疑神疑鬼被坏人尾随跟踪，那就是自寻烦恼。忧患意识并不是让你整天担心这个，畏惧那个，做个缩手缩脚装在套子里的人，而是让你不能因为太过安逸，放弃了前进的脚步。

这些所谓的忧患意识或者危机意识，其实就是影响你前进的最大内耗，与其把精力花费在这些事情上，不如甩开包袱，轻装前行。请时刻记住，你的时间有限，必须停止内耗。

这个世界上没有人能打败你，除了你自己；也没有人能战胜你，只有你自己。一个人最大的敌人就是自己，很多时候要突破的人就是你自己。也就是说，很多时候你并不是被自己遇到的困难所打倒，而是在来的路上内耗太多，以至于你丧失了对外界事物的感知和抵制能力。

当你丧失信心、垂头丧气的时候，会把大量的时间浪费在毫无意义的事情上。时间、精力都会被这些内耗所左右，从而影响你的反应力、敏锐度、判断力以及理智。喜欢内耗的人，往往做事过于谨小慎微，一叶障目，常常将简单问题复杂化，复杂问题情绪化。

我们职业精英研修班曾有一位学员欢欢，毕业时她说要做设计师里最会写小说的女作家。然而几年过去，谈起自己的现状，欢欢非常失望。当年和她一起上班的同事，一个个风生水起，而她却依然平庸、不起眼。一年到头做着份看不到未来的工作，薪水勉强刚够生活。尤其是年龄越来越大，连个像样的结婚对象都没有。

身边的人个个光鲜亮丽，她自己却越来越不爱出门，人也变得更加沉默寡言。除了同事之外，能和她聊得来的朋友也很少，她只能靠游戏打发时间。

每当想到这些糟心事，欢欢就万分沮丧。以至于她常常怀疑自己是不是真的有问题，才什么事都做不好。没才没貌又没有可观的收入，连自己都不喜欢一无是处的自己，更何况是别人呢？

就是这样的自我否定，让欢欢越来越痛苦，失望、自卑和抑郁导致她工作懈怠，经常因为业务出错而被领导批评。

内耗的危害究竟有多大？我们的工作表现＝能力－情绪内耗。内耗让你产生负面情绪，消耗你所有的热情、动力和干劲。欢欢的遭遇，正是因为内耗让她讨厌自己、嫌弃自己，不敢在内心深处认同平庸的自己，才会陷入无休止的自责和愧疚的怪圈。理想有多丰满，现实就有多摧残。

为什么会有情绪内耗呢？我们之所以情绪内耗，首先是被情绪淹没了，被愤怒、自责、屈辱、害羞等等这些强烈的情绪占据，导致自己无法思考，其次就是缺乏应对的技巧。

在此我提供一句口诀和一剂药方来避免情绪内耗。

这句口诀就是：我感到……我希望……这句口诀是你面对所有与他人发生冲突时都能用的，比如被人中伤、被人轻视时，就能够拿来解决问题。这句口诀之所以管用，是因为我们把感受和需求说了出来，就能大大避免内耗。

面对情绪内耗，还有一剂药方叫做绪速效药，又称它情绪零食。

有过成功减肥经历的人，常常会吃点健康的小零食。对于零食他们不会完全克制自己，因为过于克制，反而会产生逆反；有时候适当松懈一下，给自己的嘴馋留个出口，反而不会贪吃。

在电影《荒岛余生》中，汤姆·汉克斯独自被困在一个孤岛上4年，在此期间，为了抵抗孤独，他只能看着女朋友凯莉的照片，还大声对着一个他命名为"威尔逊"的排球讲话，结果这个排球成了他心爱的伴侣。

情绪零食也有相同功效。当我们情绪不佳的时候，亲人的照片、自己喜欢的摆件等都是很有营养的"零食"。你可以在情绪不佳时拿出这些小东西看一看，情绪就会缓和。

伊尔斯·桑德曾在《高敏感是种天赋》中提出：停止内耗就要学会断舍离。剔除身边不合适的，留下最适合、最有用的东西。

对每个人而言，时间和精力都是有限的，当你内耗过多，那么在其他地方用的精力就少，于是事情还没有开始，你就感到身心俱疲。

生活中，内耗无处不在，最常见的就是职场，人与人之间的算计，尔虞我诈和钩心斗角都在内耗。当然，还有一个产生内耗的重要来源就是自己。

尤其那些看起来努力又敏感的人，更容易产生内耗。为了实现自己的梦想，他们往往背负更多压力，不顾一切地压榨自己，想要达成所愿。可是，现实往往不尽如人意，赤裸裸的现实让他们无数次头破血流。当他们看到别人成功时，就会产生巨大的心理落差，默默地在心里暗暗发誓：一定要加倍努力，让自己和家人过得更好！

　　所以，最好的状态就是：优秀的时候享受优秀，糟糕的时候接受糟糕；有精力的时候努力奋进，当身心俱疲的时候学会好好休息，享受生活。遵从内心的声音，听从心灵的安排。远离内耗，遇见最好的自己！

2. 真正的时间管理高手，
能够自由切换生活和工作

很长一段时间里，我们职业精英研修班一位学员晓晓都感觉自己深陷泥淖，疲于应付各种麻烦。工作问题、孩子教育问题和各种家庭纠纷都困扰着她。一天下来，她整个人都处于虚脱状态，常常觉得身心疲惫，时刻处在水深火热中，到处忙着救火。

尽管她自认燃烧了自己，照亮了别人，可总遭受对方的质疑。领导怀疑她工作不在状态，没有尽心尽力；孩子抱怨她虽然陪在她身边，却心不在焉，只顾忙工作。就连老公也对她抱怨，到底是工作重要，还是家庭重要？

为此她也觉得苦恼，自己明明已经竭尽全力，为何别人还要质疑？难道是自己能力不够，还是自己做法不被对方重视？我给晓晓讲了我曾经看到的一幕：我到一个企业家朋友家里去做客。刚一进门，就看到平时管理几万人的大老板居然系着卡通围裙，手拿锅铲，笑眯眯地给我们做饭。与此同时，他妻子正陪着儿子在客厅津津有味地看动画片。

见到我诧异的样子，他乐呵呵地说："平时工作太忙，没有时间照顾家里，所以一有空我就给她们做饭。"

大部分人工作是为了更好的生活，但我们不能被工作绑架。能够在工作和生活之间自由切换，才是真正的赢家。

另一位老板，很少有人在公司见过他和颜悦色的样子。在大家眼里，他就像只喷火龙。业绩上不来，业务员被训斥；技术不过关，技术员要挨骂。私下里，大家对老板娘深表同情，天天对着这样一个霸王龙，简直比世界末日还要痛苦。

直到有一次，有员工撞见正在晨跑的老板夫妇，精明强干的老板全程都拉着妻子的手，连说话也是矮着身子，迁就妻子的身高。

很多人总是分不清"工作"和"生活"的模式。明明说好了陪孩子去游乐场，但是中途却接了一个小时的电话，然后挨个打电话安排工作。其实孩子只是想让你陪在她身边，无论玩什么都好。

虽然你人回到家中，但心依然徘徊在工作上。不要说你已经很尽力了。你只是自以为满足了所有人的要求，沉湎于自己的无所不能。

真正厉害的人分得清什么时候该工作，什么时候需要回归家庭。工作时全力以赴，竭尽所能提高效率；生活中，放下所有光环和架子，一心一意陪伴在孩子和妻子身边。他们非常清楚，陪伴不是陪在身边干其他事，而是身心彻底回归，一起享受家的温暖。

那些经常感到身心疲惫做事还没有效率的人，就是因为工作时记挂家里的事，在家时，偏偏又放不下工作任务。每个职场人都需要练就一项特殊的技能，就是能够在各个身份和场合中自由切换。

话虽如此，我们毕竟不是遥控器，可以随意换台，但做到不把工作中的情绪带回家还是可以的。很多人在工作或生活中，常常带着各种各样的情绪处理问题。当你的主观情绪影响客观判断时，就很容易被情绪带着跑，产生过激的言语和不当的行为，引发不必要的误解，导致工作效率低下。

我们职业精英研修班有一位学员倩倩刚换工作，由于还在适应期，工作内容和节奏完全跟不上，所以常常加班加点地赶任务。尽管如此，她还是经常被领导责备。

周五她刚加完班回到家，发现丈夫正在打游戏。又累又饿的她顾不上休息，拿起泡面就到厨房倒热水，结果发现壶里一滴水都没有，她强压着一腔怒火去烧水。刚冲好泡面，丈夫就问她前几天换下的衣服洗了没有。明明是简单的一句话，倩倩却觉得丈夫在指责她，于是她将这段时间所受的委屈和怨气，一股脑全发泄在丈夫身上。

两人闹了矛盾，导致周末都没有休息好。第二天上班时，倩倩一直心不在焉，工作连续出现了好几处失误，被上司指责不用心，警告她再做不好就卷铺盖回家。

　　人是感性的，将工作中不好的情绪带进生活，很容易引发家庭矛盾，而由于家庭矛盾的发生，又将这种负面情绪带入工作，工作效率肯定大打折扣，出错就在所难免。一旦形成这种周而复始的恶性循环，你将进入永远无法解脱的深渊。

　　当然，工作和生活不可能一刀切断。工作是为了更好地生活，两者相辅相成，不可分割。否则，我们的工作就失去了意义。所以，我们没必要把工作和生活完全分开，而是要掌握两种模式的自由切换。

　　我有一位前同事阿颖原本是一家企业的项目总监，但自宝宝出生起，她就做了全职妈妈。可她并没有因此闲着，而是利用宝宝睡觉的时间学习写作。如今，她一边当全职妈妈，一边做网络写手，每个月光订阅的收入就能达到两万多。

　　对于自己的两种身份，阿颖说其实也没有什么。孩子醒了就带孩子，给宝宝做营养餐；宝宝休息或者玩耍的时候，她就抓紧时间写文更文，两者并不冲突。而且工作和生活交叉进行，还能让自己精力更充沛，保持最佳的创作状态。既不会因长期写作而劳累乏味，也不会因为带孩子产生抑郁和烦躁的情绪。

　　生活就是如此，无论你处在什么状态，都要保持心态平衡，该做什么就做什么。既不要想得太多而心烦意乱，也不要带着上一个任务的情绪去做新的事情。

其实这世界上可能并不存在真正的平衡，我们最多只能做到在工作与家庭之间切换。

平衡是一种兼顾的状态。想象一个人怎样保持平衡，比如脚踩两条船，他的重心分布在两只脚上，脚踩在两个地方，这种情况下，人确实可以平衡，但他也无法移动。不管他想先动哪只脚，重心都会失去平衡。

是切换而不是兼顾，只有这样的平衡才会让人的生活行动无碍。

因此，对于工作和生活，我不求平衡，只求全力以赴。

工作的时候我们全力以赴，尽量不去想家里的事。回家之后我们全心全意，尽量不去想工作的事。虽然不可能完全做到，但是尽量让自己做一件事的时候只想这件事。

无论你是何种状态，工作和生活两不误，才是最厉害的。真正时间管理的高手都是能够自由切换生活和工作。他们在工作和生活中都显得那么游刃有余。在工作中扮演好一个职场人的角色，在生活中扮演好一个家人的角色。

3. 慢思考规避"思维陷阱"

我的师弟毕业后成了一家科技公司的 IT 工程师。在他短暂的恋爱生涯中，有过三次相亲经历，但没有一个女孩愿意进行第二次约会。为此，他经常长吁短叹，感叹命运不济，明珠蒙尘，没有人能慧眼识英才。

因此，大家聚会的时候，总是帮他出谋划策，提醒他多总结失败的原因。师弟颇是委屈，说每次约会前他都会悉心准备，只差焚香沐浴了。他甚至还买了很多沟通技巧类的书，看了不少关于约会的视频教程，但收效甚微。

后来，大家问他约会时都聊些什么。师弟一脸无辜地说："就是按照书中所说，聊女生们都感兴趣的话题——美妆、时尚、电影、流行音乐之类。开始对方还礼貌地聊几句，后来就低头玩手机了。"

面对已经发生或正在发生的事情时，我们常常依靠直觉、潜意识或者经验来作判断。虽然容易迅速表明立场，但这样通常带有个人偏见，作出错误的判断。

生活中,常因这样的惯性思维而陷入"思维陷阱"的人不在少数。

其实，师弟的情况就是陷入了"思维陷阱"。因为过于依赖所谓的经验和技巧，没有深思熟虑就作出常规判断。

要知道，一般规律是依据一类生物所进行的归纳总结。除了一般规律之外，还存在着个体差异，并不是所有女性都对这类话题感兴趣。

高手是通过抛出话题引起对方的反应，来试探对方是否感兴趣，有没有想聊下去的想法。根据对方的表情和反映来分析判断对方的兴趣爱好，以及行为方式和生活习惯。

类似的情况还有很多。我们都有接到电话营销的经历，往往销售人员一开口就让人反感，因为他们根本不关心你是否对此感兴趣，也根本不关心你是否想了解那个产品，就直接对你信息轰炸。难怪人人都反感，甚至将其标记为骚扰电话。

实际上，他们走入了电话营销的误区，只是为了推销产品，而不顾潜在客户的反应和喜好。明明看起来很简单的问题，为何会让人陷入这种"思维陷阱"呢？其实，在这里面涉及了两种思维模式：快思考系统和慢思考系统。

人们在作出主观判断或评价的时候，都会受到快思考和慢思考的影响。只是盲目自信的人容易在经验和潜意识的双重影响下，过分相信自己的眼光，凭直觉得出结论；而严谨缜密的人在快思考后，会根据客观数据或事实深入分析，作出更深层的慢思考。

简而言之，快思考是基于情感、记忆和经验快速选择的一种立场和观点。慢思考是在快思考的基础上，利用知识和数据来分析和解决问题，依赖的是逻辑、数理和概率。

由此可以看出，快思考其实是直觉行为，往往不太靠谱。慢思考则是经过深思熟虑分析总结后的结论，更趋于合理和贴近事实。

这就是为什么很多人在逛商场时，明明没有消费欲望，却经不住销售员向你推销。可能你需要的只是一条丝巾，但却花高价买了一套新款晚礼服。

同样的，双十一商家促销活动，没有购物欲的你，却偏偏忍受不了打折优惠，买了一大堆原本不需要的东西。所以大部分的女人倾向于快思考，依靠直觉做决定；而男人则通常比较理智，遵从按需消费。

因此，需要提升慢思考，克制自己的欲望和冲动，避免掉入"思维陷阱"。依靠更为科学的数据和分析来说话，不要急于贴标签、下结论。

在知识大爆炸的网络时代，很多信息和新闻是极具欺骗和隐藏性的。

某城市公交车坠江事件，从最初的照片米看，是由于私家车司机的操作错误，导致公交车改变驾驶方向。再加上新闻报道私家车的车主是名女司机。于是，人们基于对女司机的偏见，矛头对准了女司机而大放厥词。

然而，随着后来监控视频的解密，大家才发现事情的真相。女司机是正常行车，被偏离的公交车撞离了正常行驶的车道和方向。于是，真相大白。

可见，快思考系统明显带有个人偏见和情感色彩。所以，在这种情况下作出的决策，往往跟事实相悖。

不知道你记不记得著名的伽利略铁球实验。当时的科学界都信奉亚里士多德，他的话被奉为不容置疑的真理。

亚里士多德曾经说："两个铁球，一个重10磅，一个重1磅，当它们同时从高处落下来的时候，一定是重10磅的先落地，并且速度是重1磅铁球的10倍。"

所有人都信了，然而伽利略却产生了深深的怀疑。

于是，当年轻的伽利略在比萨斜塔做铁球实验时，很多人都来围观，准备嘲讽他的失败，但是最终伽利略却证明了自己。

这也从另一面告诉我们，要想规避思维陷阱，很多时候不但离不开科学理论的分析，还要敢于打破常规，挑战权威，才能走出惯性思维，规避"思维陷阱"。

欧洲商学院的康普诺利教授在《慢思考》一书中提出：人类负责认知和决策的脑系统分别是快而原始的反射脑、慢而成熟思考脑以及时刻等待空闲的存储脑。

根据康普诺利教授的这套理论，影响人们深入思考最主要的原因就是不专注，负面压力以及睡眠不足。简而言之，我们只要做到专注，减少压力和充足的睡眠就可以利用思考脑进行深而成熟的慢思考，从而避开由于惯性形成的"思维陷阱"。

其实，在自我管理中，提升慢思考的能力，实际上就是升级思维能力和认知水平。当然，提升思维能力从来就不是一件简单容易的事。我们不仅需要长期的锻炼和努力，还要有不断学习和打破常规的勇气和毅力。

很多时候，我们对抗的不是来自外界的干扰和刺激，而是来自内心的诱惑。正是这些诱惑干扰我们形成深入而集中的思考习惯，从而丧失了自我纠偏，辨别真伪的能力。

如今，在这纷繁多杂的知识信息大爆炸时代，我们通向成功之路道阻且长。慢而成熟的思考，能够帮助我们从深层出发，层层剥离那些困扰在思维陷阱里事情的真相，让事情的本质清晰地呈现在太阳底下。只有这样我们才能发挥出最大的潜能，走向卓越和不凡。

4. 高手通常在高价值区做正确的事

　　我身边有这样一个人。他做理财投资，坚持"不把鸡蛋放在同一个篮子里"。为了降低投资风险，他把资金化整为零，分别投资到不同的行业。其中，有亲自经营的足球咖啡厅，朋友的健康产业，以及给自己合作伙伴的企业进行设备入股。

　　在他看来，自己拥有这么多赚钱的渠道，只要一项做好，就一定稳赚不赔。

　　不幸的是，由于他对这些行业不了解，对朋友又非常信任，所以事先没有去研究调查，最终无一例外全都亏损了。

　　全球最著名投资人德鲁肯米勒曾说："98% 的基金经理人和个人投资者犯下了一个错误，他们认为必须得把资金分散开投资。如果你真看准机会了，那就把所有鸡蛋放在一个篮子里，然后非常小心地看好篮子。"

　　显然，德鲁肯米勒的投资策略就是：机会来临时，要致命一击。

　　中国有句古话叫"鱼与熊掌不可兼得"。还有一种说法是"大面积撒网，选择性捕捞"。捕捞的机会大大增加，赢的概率自然也就大大增大。而且这么多鱼，总该有一条落网吧。

事实上往往看似机会增多了，中奖的概率加大了，实际上选择的可能性越多，精力反而会越分散。而且很多时候会出现浅尝辄止、半途而废的情况，因为你不止一条路可选！

这种看似处处有机会，实则等于处处没机会的情况，意味着你比强者更弱，比专注者走得更慢，处处落于人后，竞争更是妄谈。

也许有人说，鱼和熊掌二者兼得不就行了。可这现实吗？ 毕竟天才少之又少，人的精力也是有限的，多一种选择，就意味着多分散一份精力。

古时候评价一个女子德才兼备，常常用琴棋书画样样精通来形容。但样样都通，却样样都不精。而那些流传千古的大师名士，往往是将其中一样做到极致。所以，那些做得最好的人，往往不是做得最多的，而是单次价值很高的人。真正的高手，通常都在高价值区做正确的事。

美国棒球史上最伟大的击球手泰德·威廉斯在其重要的教科书《击打的科学》一书中有个著名的观点：高击打率的秘诀是，不要每个球都打，而是只打那些处在"甜蜜区"的球。

他提出的观点不是像很多击球手那样每球必定力争本垒打，而是只击打高概率的球，不强求本垒打。这种聪明的击打球的方式让他成为"史上最佳击球手"。

他的观点深深影响着股神巴菲特，在巴菲特办公室就贴着一张泰德·威廉斯的海报。

在投资领域巴菲特遵循的就是在高价值区做正确的事。恰恰巴菲特和泰德一样，采取了看似保守、稳妥、动作最少的打法，其实却是最强的打法。因为他们都找到了高价值区。

巴菲特在投资领域的哲学就是只投资高价值的公司，其他全部不放在眼中。在中国巴菲特过去20年来，只投资了两家中国公司。一家是中国石油，一家是比亚迪。

2003年，巴菲特投资买入中石油，5年间不到，2007年巴菲特全部抛售中石油股票，共收益30多亿美元。

2008年，巴菲特投资中国第二家企业比亚迪，到目前为止投资收益超7倍。

巴菲特为什么投资这样两家公司呢？是因为中石油是在严重被低估的时候，巴菲特入手的。巴菲特看中了它未来上涨的空间。

而比亚迪蒸蒸日上，尤其是在新能源汽车领域更是大放异彩，未来非常值得期待。即便现在股价有所下跌，但是巴菲特希望长期持有。

这两家企业都是在高价值区，巴菲特选择它们，是希望能够带来更大的收益。这就是高手的投资策略。

巴菲特后来在其《成为沃伦·巴菲特》一书中说过：投资的秘诀，就是坐在那儿看着一次又一次的球飞来，等待那个最佳的球出现在你的击球区。

很多人喜欢炒股，我身边也有很多朋友参与。可我听到最多的不是被套牢，就是不得不忍痛割肉，唯一赚钱的是曾经喜欢看金融证券书籍的室友。

据说，他平时玩的股票就那么几支，因为比较了解，所以何时买进，何时抛售，他都能做到心中有数。不像其他人那样盲目申购新股，什么热门买什么。

用他自己的话说："我知道自己的优势和圈子，不了解的东西坚决不碰，只按照自己的规则做事。"

看似采取最保守、最稳妥的办法，其实他们才是最强的猎手。他们懂得忍耐，选择进攻的最佳时机使出致命一击，而不进行数量上的无效攻击或者低成功率的进攻。

很多文艺小说中，但凡能做常人不可做的强者，往往都是目标始终如一且心性坚定的人。他们不聪明，或许比旁人反应迟缓，但是因为目标如一，心无旁骛，所以能走得更长远。

而那些往往自命不凡的聪明人，不是成为见风使舵的两面派，就是沦为投机取巧的精致利己主义者。所以说，有时候聪明不一定是优势，反而往往被聪明所累，成为你成功大道上的掣肘。

人生亦是如此，在重要的时刻懂得取舍，有所为而有所不为，在高价值区做正确的事。那么你就可以从千千万个普通人中脱颖而出，从普通人跃迁为高手。

5. 与其花大量时间去结交别人，不如专注投资自己

我曾经遇到过这样一个学生家长，生意做得风生水起。他自称是遇到了贵人，所以才有了出人头地的机会。于是，他潜意识里认为培养人脉要从幼儿园做起。

因此，他让孩子上顶级的贵族学校，甚至不惜一切代价要把孩子送进"富二代"的圈子。然而几年后，他的孩子没有学到过硬的本领和能力，反而染上了一身坏习惯，吃喝玩乐打架逃学。

其实，与其花大量时间去结交别人，不如专注投资自己。

我认识的一位作家朋友，当他没有成名前，生活非常简单，除了上班休息，剩下的时间就是创作。

一开始，他只是写给自己看，后来在网络上发表，直到有一天他的小说被网站首推。越来越多的读者开始订阅，慢慢地，他成了网站的当红作家。

卖了几部小说的影视版权后，他迅速转行，开工作室，拍电影，

热衷参加各种活动扩展人脉。然而，在拍了一部烂片之后，他就再也没了任何动静。

很多人过于浮躁，他们宁可把时间和精力花在无意义的事情上，也不愿意投资自己。

越是聪明的人，在社交上花的时间越少。很多时候，让我们忙碌劳累的不是工作，而是疲于应付的各种无效社交。

作家路勇曾在《请停止无效社交》中提出：过极简生活，别忙着讨好别人，先做强自己；倾听内心的声音，打开零压力社交的大门，在时光深处邂逅知音；人脉不是追求来的，而是吸引来的。放弃无效社交，转而提升自己，世界才会更大。

人脉是吸引来的，不是追求来的。这句话非常好，说出了人脉扩展的本质。与其花时间结交别人，不如专注投资自己。你若盛开，芬芳自来。

日本麦当劳创始人藤田，最开始创业的时候，没有人脉也没有钱。要加盟美国麦当劳进行连锁经营需要75万美元保证金，并且需要一家有资质的中等银行作为担保。而刚刚走出校门不到6年的藤田是不可能有这么多存款的，他只有区区不足的5万美元。他没有家庭背景，更不可能有银行方面的支持。

他心中想着如何满足这两个条件，为此终日眉头不展。为了自己能够顺利创业，他开始到处筹钱，但是半年时间他也就只筹到了

4 万美元，离 75 万美元还差很远。

为了使自己的事业能够继续下去，他鼓足勇气，决定去拜访住友银行总裁。一天，他着装整齐来到了住友银行总裁的办公室。他向总裁介绍了自己的创业想法及资金需求，但是总裁对这位年轻人只说了一句："你先回去，等我消息吧。"

眼看着这次会面就这样结束，藤田心有不甘，他再一次斩钉截铁地说："麻烦您给我 5 分钟，我想向你详细说一下这 5 万美元的来历！"对方头都没抬："好吧！"

"毕业 6 年，我无时无刻都想实现心中的梦想。于是毕业之初，我就立下誓言要用 10 年存够 10 万美元，然后用这 10 万美元作为启动资金进行创业，做一家属于自己的公司。毕业 6 年来，我每月都去存上一笔钱，从未间断。在这 6 年间，我调研了很多行业，分析了它们的成功和失败，我希望这些能够作为我创业可以借鉴的经验。现在，我调研了很久，觉得麦当劳可以成为我创业的方向，所以我提前一步……"

藤田一边说，一边看着总裁的脸色逐渐变得凝重。突然总裁起身站起来说："小伙子，下午等我消息。"藤田一时摸不着头脑，退出了办公室。

藤田走后，住友总裁就来到了藤田存钱的银行，当向银行工作人员问起藤田的情况时，银行工作人员说："这个年轻人很不简单，

6年来从不间断，一直存钱。我们对他都佩服极了。"

听到这些，住友总裁身心震撼，他回到办公室拨通了藤田的电话，通知他住友银行愿意做他创业的担保。

藤田的创业起步虽然艰难，但是他没有去到处巴结，拉拢人脉，反而是专注自己。他调研市场，分析成败，努力存钱，这都为他最终赢得了人脉，拿到了住友银行的担保。

不要浪费时间在无效的社交上，要专注投资自己才能赢得有用的社交。不要以为进入所谓人脉圈，就能获得人脉。也不要利用钻营和社交来等着天上掉馅饼。而是努力打造自己，打造自己的价值，只有自己优秀了，才会吸引同等优秀的人来认识你。

如何不浪费时间，把更多精力专注在自己身上，就要排除各种干扰。为了排除干扰，我们可以建立一个系统，这个系统能帮你专注于眼前的事务。

我们要处理的干扰无非有两类：一类是外部干扰，一类是内部干扰。针对外部干扰，有很多做法。比如，你可以专门拿出一天，关掉所有的通信工具，让自己有一个专注的空间。再比如，你可以让自己养成习惯，不处理那些在你专心做事时发生的事情。针对内部干扰，可能是由于情绪低下或者身心疲惫而不想做的某些事情，这时可以进行任务拆解，先做一些简单的事情。比如，有一份报告要完成，可是你暂时没心情写报告，那就先拆分出收集资料、找报告模板这些小任务来完成。

　　只有尽可能消除这些干扰，我们才能在自己的身上上投入更多有效的时间。只有投资自己才会成就未来，指望别人那都是不切实际的。

　　如果别人没有帮助你也不要抱怨，而要深刻地反省自己是否值得别人帮。要想获得高回报，就专注投资自己，不要把时间和精力浪费在无意义的事情上，有时间不如多读两本书，多学几门语言，掌握一门过硬的技术，这才是你真正值得骄傲的资本。

part 7

管理的焦点不应该是时间，
而应该是我自己

生活的烦恼，源于我们总妄想控制我们控制不了的东西，却不愿去做我们能够控制的东西。

1. 管理自我，从做一个心性坚定的人开始

　　电视剧《大江大河》中，宋运萍和宋运辉姐弟俩因为出身不好，只有一人能够上学。宋运辉不得不放弃读书的机会，让姐姐继续读高中，自己下乡插队。然而，在这种艰苦的环境里，他也仍然坚持白天干活，晚上学习。

　　在没有专业老师指导、学习时间不充足的情况下，仅仅初中毕业的他，硬是凭着一股韧劲和坚定不移的心性，自学了一年，最终以全县第一的好成绩考上了大学。

　　大学毕业后，他在徐书记的帮助下进入国内顶尖的化工厂。这里人才济济，像宋运辉这种没门路、没后台的农村大学生，经常受到各种排挤和孤立。但是，宋运辉并没有因为这样就慌张、迷茫，而是一心一意钻研技术，成为金州厂顶尖的技术人才，最终做了金州厂的一把手。

　　宋运辉的命运不可谓不坎坷，然而，不管命运如何阻挠，他都永远斗志昂扬，坚定自若，从来不会因为困难的强大而害怕。他逢

山开路，遇水架桥。当人生陷入绝境和漩涡时，他却仍然坚持自己的理想，可见心性之坚。

自我管理，从做一个心性坚定的人开始。只有心性坚定之人才有可能走向成功。也许，心性坚定之人并不聪明，运气也不一定好，但是，他们却能在任何环境中开辟一条适合自己的路。正如克莱斯勒汽车的经典语录：如果前方没有路，那我们就走出一条路。

但凡成功之人，往往都要经历一段黑暗无助的岁月。犹如黎明前的黑暗，挨过去，天就亮了。所谓千里马，不一定是跑得最快的，但一定是耐力最好的。

这里的"耐力"，我理解为"心性坚定"。因为不管是努力也好，坚持也罢，只有耐得住寂寞，才能守得住繁华。如果心性不坚，就很容易动摇，产生放弃的念头。所以，在通往成功这段最艰难的路上，要有足够坚定的心性，才能心无旁骛地跨过去。

蒋老师是一家培训机构的英语老师，由于教学方法灵活有趣，很多学生都喜欢她，就连讨厌上英语的差生都说听她的课不瞌睡。然而在三年之前，她还是一个为孩子英语发愁的全职妈妈。

那时，她刚上初一的儿子非常讨厌英语，考试从来没有及格过，为了提高儿子的英语成绩，她为儿子报了很多英语兴趣班、辅导班，但都无济于事。

后来，为了给儿子营造一个讲英语的学习环境，她开始陪着孩子一起学英语。没想到，这个举动不仅调动了孩子学习英语的热情，还极大提高了自己的英语水平，让她通过了难度极高的雅思考试。

刚开始，蒋老师只是抱着死马当活马医的念头，然而随着学习的深入，她慢慢坚定了陪孩子一起成长和提升的信心。正是由于这种坚定不移的心性，才让她走上了一条截然不同的人生大道。

所以，很多时候并不是我们不努力，而是我们在努力过程中常常受到外来阻力和打击的困扰，以至于心性不坚，难以成就自我。

现代画家丰子恺曾说过人生的"三层楼"，即我以为人的生活可以分作三层：一是物质生活，二是精神生活，三是灵魂生活。

说到底，不管是精神上还是物质上，人们对于未来的描摹都有自己的定义，这就是最朴素的信仰。心中有信仰，行动才有力量。

一个人无论做什么，都源于内心的强烈渴望，因为这种近乎鱼对水的渴望才能压倒一切，让自己生发出无限勇气，拥有披荆斩棘的力量。

山东一位耄耋老人正寻求突破自我。60岁认字，70岁出书，从目不识丁的老人到如今出版四本书的作家，她以自己的成功及岁月洗礼过的平静告诉年轻人：不怕起步晚，千万别偷懒；不是做不成，就怕心不恒。

最怕的不是眼前暂时的困难，而是没有长期坚如磐石的意志。

生活中，我常常看到许多年轻人一脸愤愤地诉说自己的不幸，抱怨自己怀才不遇，总觉得自己是被一身砂砾掩盖的珍珠，遇不到赏识他的伯乐。

然而，纵使你是绝世难逢的千里马，也不见你驰骋旷野的绝代风华。总是窝在一个小小的马厩里，挑剔草料不好、屋舍太小，哀叹一身才华无处安放。

青海就有这样一位身残志坚的青年。他从小患有小儿麻痹症，不能健步如飞去看外面的广阔天地。一次偶然的机会，他接触到了带给他无限希望和新生的梦想——音乐。

于是，在那个并不富裕的家里，他硬是逼着自己努力学习技能，追寻最初的梦想，成为一名原创音乐人。后来，他还组建了自己的乐队，参加各种大赛，发行了第一张专辑。如今，他终于破茧成蝶在太阳底下闪闪发光，成为乐都家喻户晓的励志明星。

他就是音乐人余国华。从喜欢到爱好，到一名原创音乐人，余国华付出了常人难以想象的艰辛与耐心。当所有人结束了一天的工作，拖着疲惫的身躯窝在家里刷剧、玩手游时，他却扛得住诱惑，耐得起寂寞，在孤独中阅读、创作、谱写乐曲。

正如泰戈尔所说：生命以痛吻我，我当报之以歌。命运给了余国华沉重一击，他却仍然积极乐观地面对。没有专业的优势，只有对音乐的执着，心性坚定的他以从容的姿态，坦然直面残酷的人生。

在通往卓越的路上，我们可以结伴而行，但想真正到达终点，不仅需要抵挡飞沙走石的毅力，还要有打败虎豹豺狼的勇气，更重要的是要有一颗牢不可破的恒心。

2. 越努力越焦虑，是因为你急于看到结果

朋友有个表弟，985 学校毕业，找工作一直不顺利。当年，他以全县高考状元的身份来到北京，然而，在这个人才济济的大学里，强中自有强中手，虽然他一直很努力，却早已泯然众人。

因为来自偏远地区的小县城，他很早就明白努力的重要性。为了以后能找到好工作，他一直都很用功，早早考了各种证书来武装自己。但等到大四毕业找工作时依然处处碰壁，高不成低不就。

后来，同学们一个个都找到好工作，只有他还在苦苦挣扎。于是，他越着急，越焦虑，心想：为什么自己那么努力，却依然赶不上别人？

其实朋友表弟的这种尴尬，很多人在生活中都会碰到。

正如《郑在秀》节目中，主持人郑实老师所说：为什么你越努力越焦虑？是因为你急，急着成功，急着看到结果，什么都想速成，刚付出一点儿努力，没有看到进步，就开始烦躁、怀疑、焦虑。一开始你是为了目标而努力，后来是为了焦虑而努力，最后是为了努

力而努力。

大学时期，我们明明没什么钱，却并不觉得焦虑。

因为那时我们没有压力，没有负荷，没有下个月要交的房租和还信用卡的烦恼。大家想法单纯、朴素，很少考虑超出自己年龄段的事，日子当然无忧无虑。

等到毕业五年十年再聚首，大家自然会聊起各自的家庭、工作、收入、房子等一系列现实问题。

于是，明明很努力又小有所成的你，却发现比你优秀的人比比皆是。巨大落差之下，你玩命努力，急于证明不比别人差，却发现目标依然遥遥无期，然后你焦虑、烦躁、抑郁。

英国作家阿兰·德波顿就曾说过，生活其实就是一种焦虑代替另一种焦虑，一种欲望代替另一种欲望。

你如此焦虑，只是因为想比别人更成功，想更迫切地实现自我。

为什么现在的人越努力越焦虑呢？皆因我们渴望成功，追求卓越时，恨不得所有努力都获得指数级增长的结果。一点儿失败和挫折都会让你受挫，难以脚踏实地关注每一次成长，所以，你才会越努力越焦虑。

最近我迷上了夜跑，认识了一位同样喜欢夜跑的朋友。

他有一个特别的爱好，每次跑完步，总喜欢在朋友圈晒自己的公里数。有段时间，他因为身体不适耽搁了几天，忽然有一天他发来信息：我看到别人在晒公里数，心里既羡慕又焦虑。因为别人今天做了这件事，而我没做。

这似乎是常态：当我们面对别人的努力和成绩，自己无法控制又达不到的时候，就会显得特别无力。你越用力，就越无力，最后只能干着急。

暑假时，有个大一的学生来学小提琴。当时我还带了两个6岁的孩子，因为都是零基础，所以就让他们一起学习。

三个月后，两个小学生很快掌握了基本指法，开始学习拉歌曲了，而大学生却因为手指不够灵活，一直处于起步阶段。

其实，并不是他学得不好，而是有些先天的东西没法改变。小孩子因为启蒙早，手指比较灵活，而大学生起步晚，学校里还有其他的学习任务，所以尽管他每天练琴的时间很长，但总是因为指法不灵活，拉得曲子有滞涩感。

因为看到比他小的孩子进步快，他特别焦虑，反复向我求证是不是自己没有这方面的天赋。

学习才艺和跑步健身都是一样的道理，越是着急看结果，越是缺乏耐力坚持。

虽然大学生的领悟能力很强，在交流上也远超小孩子，但小孩年纪小，对学琴没有具体的成果定义和强烈的诉求，也没有私心杂念，反而学起来更专注。相对于大学生，尽管小孩子的领悟力不强，但他们的模仿能力很好，对乐感的辨识度度更纯粹，所以学起来非常快。

后来，通过几次交流，我发现大学生并不喜欢小提琴，只是为了出国，需要一门能拿得出手的才艺。所以，虽然他学得努力，但是并非出于热爱，私心杂念多了，就很难感受到事情本身所带来的反馈及回报。

很多时候，人们焦虑只是因为无法掌控自己，不能按照自己的意愿去取得相应的成就。所以，"真正的努力"是指那些知道自己在做什么，并能够坚定不移，不受外界干扰努力达到目标的人。而不是那些看起来很忙，却总是以各种形式攀比的人。

我有个文友在打理一家早餐店，她平时很爱写诗。都说诗人浪漫，但她的诗大都朴实，一来她本身没有多高的文化，二来她的诗歌大部分取材于生活，是对生活的解读和感悟。

对于写诗，她没有功利的目的，只是单纯为喜欢而写。写得多了，知道她的人就多了，大家亲切地称她为"早餐诗人"。当地很多文化名流都知道她，还邀请她加入作协。后来她被聘为某杂志社的编辑，专门负责诗歌栏目。

如果一个人热爱自己所做的事情，那么就不会为了短期的结果而感到焦虑。相反，他会为自己取得的每一次进步而鼓掌。

我们之所以越努力越焦虑，归根结底就是对"成功"有所误解。

很多人急于看到结果，会为了成功而做违心的事情。其实，真正意义上的成功并不是升职发财，也不需要别人的认可和向谁证明什么，而是找到自己喜欢的事业，且全心贯注地投入其中。只有这样才能在漫长的人生路上，破除焦虑，让你的努力看到结果。

3. 谁能平衡时间，谁就能掌控生活

朋友阿豪还不到 30 岁，就已经忙着开第二家分公司。朋友圈里的他不是在法国薰衣草庄园喝红酒，就是在高档法餐厅品美食，似乎每天都不用工作。

作为一个年轻的 CEO 和高级护肤讲师，他的日程并没有我们想象中的轻松。他每天有不低于五次非重复性的护肤讲座，每场讲座只有半小时，但每一次的课件都是他亲手编写，从不假手他人。

他很忙，但是从来不会连续工作，而是忙里偷闲，让自己快速得到放松。比如：在会议中场休息时间玩玩手机里的小游戏，周末一个人野钓或者跟朋友聚会等，让自己从紧张的工作之中暂时抽离出来。

尽管每个月他有一半的时间都在出差，但从来不会超负荷的工作。

对于他的生活，他这样描述：确实，工作是为了更好的生活，但工作也是生活的延伸和日常的一部分。两者没有严格的差异和明显的分界，更不存在非此即彼的说法。

他之所以看上去工作轻松，又能享受生活，实际上，他只是在工作和生活间寻找到了更平衡的生活方式。他晒在朋友圈的照片，也只是在享受忙碌的工作之余难得的休闲和放松。

过了 30 岁，你觉得人生一无是处，没有耀眼的光环，没有理想的工作，也没有令人敬仰的事业。一切不过是疲于奔命，赴一场又一场疲惫而又乏味的宴席。

反观那些成功者，活成了你理想中的样子，可偏偏你那么努力，却永远也无法达成所愿。

事实真的是这样吗？

其实，他们忙碌的时候你永远看不到。正如冰山的下面永远都藏着一座更大的冰山。你看到的真相，只是他们忙碌工作后的片刻休闲。

之所以他们看起来更轻松、闲适，是因为他们掌控了自己的生活，体验更平衡的生活方式罢了。因此，谁能平衡时间，谁就能掌控生活。

对大多数人来说，与其纠结过哪一种生活，不如学着掌控自己的生活，找到生活和工作的平衡点，享受每一次人生体验。

工作是为了享受生活，生活又是为更好地工作，要找准平衡才能掌控自我。享受忙碌的世界，也需要有安静的角落。人不是上紧的发条，不可能永远充满活力，工作之余需要适当休息，为自己下一次发力加满油。

做设计师时，我曾被一个零部件的设计卡住了进度，整整一个月没有任何突破。我连续一个月都在忙着查手册、找资料，画了无数次方案图，但都无法突破极限，达到客户的要求。

那时，我每天连续工作12小时。白天在单位里画图，晚上回家也没有时间陪家人，还得继续查找国内外成功案例。甚至，我连说梦话都是关于设计方案的。就这样，试验了无数次，我还是没有任何收获。

后来，我因为设计受阻，情绪总是起伏不定，烦躁、失眠接踵而至。在家人的央求下，我放下烦恼，陪他们去温泉山庄泡温泉。在身心得到解脱之后，我忽然被一个游乐设施激发了灵感，顺利完成了设计任务。

可见，超负荷的运转并不能让你取得意想不到的成果，反而会阻塞你的灵感。

写这本书之前，我收到过很多读者的来信，大都是关于工作上的不如意，比如没有努力的目标，找不到未来的方向等。

其实，这些都是因为自我管理混乱。

工作不如意，失去努力的目标，你就要想一想是不是在工作的时候没有尽心，是不是花在玩游戏和刷手机上的时间太多。当一件事情做得太糟糕，那一定是生活的天平出现了不平衡。你花在工作上的时间变少，就没有更好的业绩来体现你的能力和素养。

一位带孩子的二胎妈妈留言说，她原来是一位幼儿园老师，因为没人带孩子，所以辞去了幼儿园的工作。如今，她想找一份适合的工作，却苦于没有时间学习。

她说自己每天光带孩子就身心疲惫，一打开书本就想瞌睡。等孩子休息了，还要抓紧时间洗衣服、买菜、做饭，等等，根本没有时间学习。

同样，我们职业精英研修班的一位学员也是二胎妈妈，在我的建议下，她把大孩子送到午托，晚上辅导作业交给爸爸。她一边带着小儿子，一边在网络观看营养师的课程。

当然，累是肯定的。可她将看书学习和照顾小孩及休息的时间平衡起来，不仅能够让自己精力充沛，还顺利拿到了营养师的资格证。如今，她跟着自己的团队帮客户做营养膳食，不仅比全职收入高，时间还自由，每年还有时间带全家出国旅游。

这位二胎妈妈，她能够平衡自己的时间，主要是她充分利用了自己的"不被打扰的时间"。我们每天24小时，每个人都有公平的三个8小时，第一个8小时都在工作，第二个8小时都在睡觉，人与人的区别，其实主要是第三个8小时创造出来的。要做到合理的时间管理，就要善用第三个8小时。怎么利用呢？我们要找到自己的"不被打扰的时间"，争取每天都有一段不小于2到4个小时的时间。然后，分清时间的交易、消费和投资。比如你花时间工作会有工资，这叫交易；你花时间看电视，这是消费；如果你花时间学习，那就是投资。保证你的"不被打扰的时间"只能用来投资。当然，最重要的是持之以恒，日拱一卒，不能心血来潮。

　　知识大爆炸时代，我们要尽量平衡工作和生活。如果一味视工作至上，生活就会一塌糊涂；如果一心只关注生活，那么很快就会与时代脱节。要想遇见更好的自己，就要尽早学会平衡工作和生活的关系，掌控你的生活，进而掌控你想要的人生。

4. 用行动代替恐慌，停止无效思考

　　那天，有个朋友约我一起打台球。据说他曾经留过洋，也在海外创过业，经历颇丰，现在有一个很棒的计划要同我合作。

　　聊天中，他如数家珍地谈起自己的经历。他是第一批独生子女，他发现目前还没有一部作品能反映他们这一代人当下的生活。于是，他想到一个绝妙的赚钱点子：找几个和他经历类似的人，创作一部关于"80后"的年代大剧。首选剧本创作，其次才是小说。

　　对于自己的想法，他显然很兴奋。他说这个想法很独特，角度也新颖，肯定能卖版权。我说："那谈谈咱们的大纲吧。"他说这都不是事，等他策划好了再交给我加工。

　　临分别的时候，他稳操胜券地告诉我，等完成了大纲就马上跟我联系。

　　于是，我等了一个月，杳无音信。

　　等下次见面的时候，我问他大纲完成得怎么样。他意犹未尽地说，太兴奋了，他还没有开写，而且现在比之前又有更好的想法，让我继续耐心等。

半年过去了，他的大纲依然没有动静，直到前几天我通过另外一个朋友了解到，他出国打工去了。

生活中，这样的人不在少数。他们的点子天马行空，总臆想着不存在的成功。但过上一段时间，你会发现，他们所有的思考都只停留在语言上，根本没有有效付诸行动。过不了多久，他们又会拉着你展望下一个完美计划。

不要在乎计划是不是完美，要先行动起来。不要害怕最终能否成功，要不断去试错。如果你只是想得再多，不付诸行动，一切都等于白费。再多的美好，你没有真正行动起来，只能是无效思考，白白浪费时间。要用行动代替恐慌，停止无效思考，哪怕只去完成一个小小的目标。

最近很多朋友留言说"改变自己，提升自我"、"做了很多职业计划"、"想自己创业"等等。但我发现，他们大都在执行之初就因为各种各样的理由使得计划"流产"。

想成为优秀的自己，列再多完美无缺的计划都没用，你需要付诸行动，不断修正和长期坚持下去，哪怕失败也不要紧。

电影《流浪地球》里，太阳即将毁灭，人类面临前所未有的生存危机，因此准备实施庞大的地球逃离计划。

带着地球去流浪，想法多么荒诞。在影片里，人们却通过给地

球安一万座行星发动机，为地球提供 150 万亿吨推力的能量，在赤
道上装了让地球停止自转的转向发动机，最终将地球改造成整艘挪
亚方舟，逃离太阳系，寻找新的家园。

很多伟大的发明都源于异想天开，但只有行动，才可能让异想
天开变成现实。

我有一个朋友他跟我们说，有段时间，他觉得自己很浮躁，应
该静下心读一读书。于是，他花了一整天的时间为自己列出了一份
详细的读书清单和每天固定的读书时间。为了让自己摆脱惰性，还
采用了打卡的方式。

结果，第一周任务他顺利完成了，第二周开始就状况百出，不
是今天太累就是需要加班，计划一拖再拖。到了年底，他发现自己
大部分书还没有读完，更别提精读和细读了。

很多时候，计划做得好与不好并不重要，重要的是付诸行动。
再不好的计划在执行的过程中，也会被一步步完善补充。但是，没
有付诸行动的计划，再完美也只是一份计划。想得再多，最终也只
是徒劳。

朋友的弟弟毕业不到一年，已经连续换了五份工作。家里人问
他，为什么频繁换工作。他说这些工作都达不到他的预期，像他这
么有能力又有想法的人，值得更好的工作。

可实际上，朋友的弟弟连份PPT 都做不好。让他做一份企划案，

他把别人的项目批得一无是处，还说自己有更出色的想法，只要他出手，肯定没问题。

然而，企划案交给他负责后，他却迟迟拿不出方案，还振振有词地为自己辩解，不是做不出来，而是因为文思泉涌好的想法太多，一时不知道该用哪个而已。

在如今竞争激烈的职场中，按时保质保量地完成手头的工作，是最基本的素养。连最基本的东西都做不到，难道别人还会交给你更重要的任务吗？

前几天，一个朋友说自己有个同学自费出书了，销量特别好，还送了他一本。朋友酸溜溜地说："我写得比他好多了，他那么烂的文笔都能出书，读者的眼睛难道都是瞎的？"然后，他开始抱怨命运不公，自己满腹经纶却无人赏识。朋友的才华好不好我不得而知，但是不管别人写得有多差，至少别人做到了。而他的想法再完美，在没有实现之前，永远只能是空想。

与其临渊羡鱼，不如退而结网。很多人都是语言上的巨人，行动上的矮子，常常对别人的成功说三道四，自己却只想不做。成功者才有资格评判别人，而那些空想主义者，永远只能羡慕别人的成功，抱怨命运对自己的不公。

正如恩格斯所说，判断一个人当然不是看他的声明，而要看他的行动；不是看他自称如何如何，而要看他做了些什么。

如何有效行动呢？我通常使用两种方法监督自己。

第一，选对多任务模式的类型。我们都知道一心多用的风险，人不能同时完成好几件事，一心多用会付出认知转换成本。但有些活动并非如此，比如每个人都能轻松地一边听播客节目或有声书，一边运动、做菜或打车上班，而如果你是一个人用餐，也可以边吃边听书。

第二，注意每天特别容易浪费时间的时段。比如我不希望浪费太多的时间在社交媒体上，但是我发现，每天晚上10点到11点之间，是我最容易分心的时段，这个时间段最爱刷社交媒体。所以每天这个时候，我都会提高警觉，防止自己虚度时间，安排自己运动或者看书。

职场中，我们要想在人才济济的大环境里脱颖而出，靠的不是空想和说漂亮话。话说得再漂亮，想得再多都没用，不如实实在在把这些灵感变成行之有效的方法。请停止无谓的空想，用行动去战胜内心的恐慌吧！

5. 你的努力需要有目共睹，也需要广而告之

　　轩轩快30岁了，从入职到现在已经做了8年设计。这八年里，她兢兢业业，工作一丝不苟。凡是她经手的设计，总能保质保量完成。

　　在设计岗位上待了8年，可除了相关部门同事外，其他人她都很少打交道。所以，虽然每年评优评先都有她的提名，但由于很多人不熟悉她，选票总是寥寥无几。

　　所幸部门主任赏识她，找她谈心，告诉她：你有能力、有才华，不能就这样埋没自己，蹉跎了时光。部门主任教导她不要总是默默无闻地埋头苦干，还要学会适时展现自我，这样，才能让更多的人看到她，赢得更好的机会。

　　然而，说来容易做起来难，她天生不是那块料。单位里才艺比赛，她没有才艺，于是就不展现，演讲比赛她也不敢参加，甚至就连开全体职工大会，让她代表本部门说几句话，她也战战兢兢，说话结结巴巴。

　　主任退休后，职位很快被新来的研究生接替了。虽然能力比轩

轩差一点，但胜在沟通能力强，和各个部门的人员都很熟悉。

每次开会，老板都拼命向我们灌输"要想升职加薪，就先得学会埋头苦干。你成绩斐然，大家有目共睹，老板想不给你加薪都难"的思想。

确实，很多人在职场中都奉行这条法则。勤勤恳恳工作，脚踏实地从小事做起，从一点一滴开始积累，然后数十年如一日地奉献，静待开花结果。然而等到果实快要成熟时，忽然有人比你努力，又会表现自己，于是到手的成果转眼就成了别人的囊中之物。

你愤怒吗？怨恨吗？不，你没资格。在你错失了表现自己的机会时，就已经失去了这个竞争的资格。

老话常说："酒香也怕巷子深"。再好的东西，也需要适当地展示和宣传。如果你足够优秀，就需要表现出来。很多时候，不是你有能力有才华，足够优秀，大家就会重视你，要想受到大家的重视，就要学会展示自己。

小宋是新员工，大学学的是临床医学，却选择了美容行业。一开始小宋觉得自己是新人，不敢与同事争功。带他的导师很厉害，但是导师有四个助理，还都有三年以上的工作经验。所以，每次有出国学习的机会，小宋都默默地自动退出。

有一次，导师要被派去法国学习，要求只能带一个助理，而且要求很高。虽然公司配有法语翻译，但还是要求助理能进行简单的法语交流。这次学习机会很难得，如果表现出色，还可以直接晋级为初级讲师，所以竞争非常激烈。

那时候，小宋还是一个新人，法语也是进公司后才开始自学的。机会渺茫，但他很想为自己争取一下。

于是，他主动找到导师，大胆说出了自己想争取这个机会的想法，也向老师展示了自己的优点，并现场进行了法语对话。虽然他开始有些紧张，但总体表现可圈可点。

就这样，小宋争取到了这次机会，去之前他还做了很多功课，最终在法国之行中表现突出，被导师推荐和公司签约，成了一名初级美容讲师。

几年以后，小宋不仅成为出色的高级讲师，还创建了自己的分公司，不到30岁就坐拥上亿身家，成了别人眼里的成功人士。

只要你有能力、有才华，敢于表达自己的声音，这个世界就会记住你，并为你提供最好的舞台。

我们总是抱怨自己没有得到晋升的机会，却没有想一想是不是自己只顾埋头苦干，忘了向世人宣示主权。当今职场，不但要求你有过硬的技术水平，还要求你勇于表现自己。

人们评价一个人低调、谦逊，是因为大家都认可他。他的谦逊和低调，可以为他带来更多的机会。而在你还没有被大家所认可之前，你要做的就是适时展现自己，发出自己独具特色的声音，用自己的特质和能量去征服别人。

玲玲还是实习生的时候，常常因工作拖拉、做事不积极主动等而被领导批评。玲玲很委屈，因为每次领导问她的时候，她的工作基本都完成了，没有汇报结果是因为她还在等合作部门的反馈。

后来，有位同门师兄悄悄告诉她，工作完成得好不好，不是指你做完就算完。你要学会汇报工作，不管进行到哪种程度，领导需要掌握整个工作的进度，以便向上级汇报。不能总是埋头干活，要学会汇报工作。

人们常说："好马长在腿上，能人长在嘴上。"优秀的员工，不仅要有踏实肯干的过硬本领，还要有展示自己的能力和勇气，才能在众多职场人中脱颖而出。

简而言之，作为一名真正有素养有能力的优秀职场人，你的努力，需要有目共睹，更需要广而告之。

如今在职场，默默无闻地埋头苦干，只能得到相应工作的薪水。要想获得更进一步的成就，还需要学会展现自我。在合适的舞台上展示最好的你，就能赢得别人的赏识和尊重。

part 8

在有限的时间里
打造你想要的生活

敢于做自己，敢于表达自己，敢于取悦自己，才能在这纷乱的世界中站稳自己的位置，活出自己的格局。

1. 人才充分发挥优势，庸才不断弥补短板

　　法国大作家大仲马，早期是一个穷困潦倒的青年。他一无所长，在家乡一直找不到工作。后来，他来到巴黎，找到父亲旧时的朋友，希望他帮自己找到一份谋生的工作。

　　当父亲的朋友问他有什么优点时，他却回答不上来。数学、历史、地理、法律等等，他全都不精通。无奈之下，父亲的朋友只好让他把住址写下来，有合适的工作再通知他。然而，他写完地址后，那位老人竟欣喜地夸他字写得好。

　　父亲的朋友语重心长地跟他说："字写得好就是你的优点啊，你不该只满足于找一份糊口的工作。既然字写得漂亮，就能把文章写得漂亮；把文章写得漂亮，就能写书；把书写得漂亮，就可以去当作家，甚至以此为生。"

　　就这样，这位"一无所长"的潦倒青年，在老人的鼓舞和点拨

下开始写文章，最后成为家喻户晓的大作家，留下了很多脍炙人口的文学巨作。

你有没有过这样的经历？

听别人炒股赚了钱，就恨不得把所有的钱都拿出来买股票；看到别人写作赚了钱，出了名，就不顾一切削尖脑袋往里冲。刚写几篇狗屁不通的文章，就天天做梦赚稿费，卖版权。

冰冻三尺，非一日之寒。任何事情都不是一蹴而就，需要兴趣、爱好以及长期的积累。天才就是要充分发挥自己的优势。只有那些看到别人成功，就想东施效颦的人才是庸才。要想在有限的时间里，打造你想要的生活，就要懂得扬长避短，发挥自己的长处，而不是一无所知地盲目跟风，从事自己根本不熟悉的行业。

当然，我并不是鼓励大家故步自封，而是在从事任何行业之前，都要做好功课。因为不管在哪个行业里取得成功的人，都是在自己擅长的领域里独领风骚。

我们羡慕拿着年薪千万的游戏主播，而自己根本不会打游戏还想投身其中撞大运，这完全是在浪费时间。有这种时间和精力不如在自己擅长的事情上下功夫，只有这样才能在有限的时间里打造自己，成为你想成为的人。

电影《狗十三》里，深爱物理的李玩，却偏偏按照父亲的意愿报了英语兴趣班，参加英语演讲比赛。结果在上台之前，因为过度紧张，突然忘词，只好中途退出，这让前来观看她演讲比赛的父亲无比失望。

失之东隅，收之桑榆。李玩虽然在英语演讲比赛中失败了，但喜欢物理的她，瞒着家人偷偷参加了物理竞赛，却意外获得了一等奖。

很多时候，我们都只着眼于眼前的成功和失败，没有更好地了解自己、认识自己，找到自己的优势，发挥自己的潜能。

成功具有偶然性，又存在必然性。我们不可否认运气的成分，但大凡在某一领域有所建树的人，在此之前都一定在该领域浸淫多年。

看到别人的成功就邯郸学步，只会成为纸上谈兵的赵括。人贵在有自知之明，做不擅长的事，只会跌得更狠，摔得更惨。

没有人从一开始就很伟大，大风起于青萍之末。即使一开始你的优点并不突出，但只要不断地学习、成长，就会由此扩散、慢慢放大，最终长成参天大树。

我曾经在网上看过一则故事，是关于一位"问题儿子"和母亲之间互动的事情。

故事里，母亲刚参加完幼儿园家长会，她一脸忧伤。因为老师告诉她，她的儿子有多动症，在教室里连三分钟都坐不了，母亲听了很伤心。在回去的路上，她看着儿子充满期待的小脸，很高兴地告诉他，说老师表扬他了，原来在板凳上坐不了一分钟，现在终于可以坐三分钟了。那天晚上，一向挑食的儿子居然吃了两碗饭。

后来，儿子上了小学，老师告诉母亲，说她儿子这次考试排到班上倒数几名，怀疑他智商有些障碍，建议她带孩子上医院看一看。回到家里，母亲看着安静乖巧的儿子忍痛告诉他，说老师夸他很聪明，就是不细心，如果下次能细心些，肯定能考过他同桌。第二天，她发现儿子起得比平时都早。

等到儿子上初中、上高中遇到类似的问题，她同样以肯定孩子的优点的方式来激励他。然后，她发现儿子越来越自信，变得越来越出色。高考那年，儿子以优异的成绩考上了重点大学。

在生活中，我们都或多或少遇到过同故事里母亲一样为难的事情。如果我们也能够看到孩子身上的优点，肯定地鼓励他，那么他也可能就会成才。如果我们对他不闻不问，失去信心，那么就有可能失去一个"人才"

在职场中，低级的领导斥责手下无能，只会令他越来越接近无能，天长日久，他终于变成了你讨厌的样子；而高级的领导则会发现并肯定他的优点，然后中肯地给出建议。慢慢地，你会发现他越来越出色，工作做得越来越符合你的要求，终于可以独当一面，成为你最得力的助手。

《选择做自己最擅长的事》一书中提道：不同性格的人有不同

的人生属性，要对症下药，扬长避短，才能把握自己的命运，掌控自己的未来。

如何发现自己的优点是我们人生当中最重要的一课，它可以让我们节省更多时间，找到更适合自己的道路和方向，集中精力去突破现状。

所谓优秀的人，都是发现自己的优点，并进行有效时间的投入，才会变得如此优秀的。那他们是怎么抓住有效时间进行投入的呢？我总结了以下几点，可供大家参考学习。

第一，有效利用间隙时间。对于短暂的间隙，也许有的人不会重视。我常常说，"嘲笑15分钟的人，也许会陷入为15分钟而哭的境地"。如果我们利用上下班的通勤时间，用手机播放软件学习课程，最好事先在大脑里装满问题和相关信息，这样，无论在多么拥挤的交通工具上，都能完成思考。

第二，把一天变成24小时以上。我们用一些技巧提升时间的使用效率。技巧一"买时间"，比如出差时，可以多花点钱坐软卧或者高铁，然后利用坐车的时间做些事情。即便在车上什么也做不了，只是帮你消除了疲劳，这样到达后就能有效利用接下来的时间，不用再花时间缓解疲劳。"如果时间价值比较高，就值得为此花费金钱"。另外，也可以"分享"他人的时间，最有效的方法就是请教他人。

第三，"过得去"原则。做事情的时候，很多人都想先一心一意地完成最重要的事。无论什么工作，每天总有一些紧急的工作需要先完成，这时候我们可以用"过得去"原则，去处理一般的日常性工作，能节省出更多的时间。这个原则指的是，不追求质量地快速完成，有时间的话，再做进一步完善。这就像考试中，要先完成所有题目，有剩余时间了，再去反复验算。

事实上，没有谁在各方面都比别人优秀。所谓天才，只不过是充分发挥了自己优势；而庸才才会不断弥补自己的短板。只要你在某一个方面超过别人，你就赢了。正如世界是平的，只要你凸起米粒般大小的高度，你就是珠穆朗玛峰。

2. 没有所谓的注定，
只有合理的选择和正确的方法

上周三，春春花5个小时做了一件事。

因为时至初春，家人想吃饺子，于是，春春早上花了半个小时买菜。然后从下午 2 点开始，一个人忙活到晚上7点才做好五人份的荠菜馅饺子，累得筋疲力尽。

其实，花大量时间去做一件低成本的事，不仅让自己痛苦，还浪费了人力、物力和时间。

那么，有没有更好的方法让大家解脱出来，去创造更多的价值，在有限的时间里，打造自己想要的生活呢?

现在让我们重新回到开头，算算花费5个小时做的这件事的经济成本：猪肉馅 15 元，荠菜 5 元，面粉折合 5 元，葱姜油盐调料按 5 元计算。也就是说，这顿五人份的饺子，春春一共花费的经济成本为30 元，时间成本不低于5 小时。如果是点外卖，5个人2斤半饺子足够了，按照 30 元一斤的话，也就是 75 元。

简而言之，在这5个小时里，她只创造了45元的价值。

当然有人会说，点外卖不卫生、不健康，但她可以像《超时空同居里》那样，找个厨师现做。而在这5个小时里，她完全可以创造更高的价值。如果她是更高端的产品经理，那么创造的价值更是超乎想象。

很多时候，不是我们不努力，而是因为没有用对方法，反而劳心劳力，最终只换得筋疲力尽和虚弱不堪的病体。

活得累也许是我们没有找准定位，长时间从事低成本且专业度不高的工作，没有找到适合自己的人生定位，才会一步步被时代所摒弃，最终活成了你讨厌的样子。

所以，没有谁是天生注定的，你成为什么样的人完全取决于你自己。能成为什么样的人，只是我们对人生是否做出了合理的选择，用对了方法。

小张是一家研发公司的技术员。每完成一个项目，他都要做一份成本核算。而一个项目至少有几百个产品，有时甚至有一千多个零部件。

这份新产品成本核价表包括下料尺寸、材质、重量、加工工时费用等多个项目。难度在于公司的产品项目表和生产用的工时统计表内容不同步，不能直接粘贴复制进行成本核算，需要筛选。所以，每次做成本核算，他都要专门组织五六个人一起分工算加工费和材料重量，然后一个一个手动输入，耗时又费力。

后来，大家一起找方法，编制了一套专门的成本核价模板，利用 Excel 的函数引用功能，成功地解决了筛选的难度，也简化了工作流程，还节省了人力物力和时间成本，一个人就可以轻松搞定，省时又省力。

因为方法改进，往常大家最头疼的工作居然成了人人都想争取的香饽饽。俗话说："没有丑女人，只有懒女人"。同样的道理，职场中没有笨人，只有不愿意动脑得过且过混日子的人。

在管理方面，管理者应该学会放权，把主要精力放在重要的事上，不要管太多鸡毛蒜皮的零碎事情。

关于成功的秘诀，褚时健以种橙子的经验告诉大家，只要一公斤能赚一分钱，上万吨就能赚很多了。其实，很多时候成功没有什么秘诀，就是在于找准了定位，选对了方法，然后用心去做就行了。

田忌赛马的故事大家都听说过，人生就像一场赛马，没有所谓的注定和天生，只要有合理的选择加正确的方法，就能在有限的时间里组合出你想要的生活。

黎萱是我见过朋友圈做得最优雅的微商。在她之前，很多做微商的朋友每天睁眼三件事——推文、推文还是推文。来势汹涌、铺天盖地地强推，逼得我不得不屏蔽对方朋友圈了事。

但黎萱不是这样，她的朋友圈里都是日常生活，闲适的、优雅的、忙碌的，每一种都真实自然。

后来，我发微信笑她是不敬业的微商，结果却被她嘲笑思想僵化。直到她邀请我进她的第 28 个知识分享群，才发现她每天雷打不动在分享群里做免费知识分享，护肤的、美白的、减肥的、情感释放的以及有关妇科炎症的专业知识。

如今，她不仅拥有自己的团队，还开了子公司。

关于创业，她用自己的切身体会告诉大家，任何事情要做到对别人有用，才能获得别人的信任，用户才会来买你的产品。

所以，当你做事情感到困难，一团乱麻时，就要想一想是不是自己用错了方法。

排除错误的方法，找到对的方法这很重要。合理的选择和正确的方法，能够使我们节约很多时间，使时间利用效率最大化。在时间管理上，我们把所有的事情在不同的环境下区分成两种：变与不变。

不变的事情，指的是那些每天固定要做的事情。排除掉这些事情，每天我们还空闲出多少时间，能否去做额外的一些事情，这就是变的部分。

假设今天有个会议，那么你可以提前思考，在会议议程当中，有哪些事项是必须要讨论的，这些事项是不变的。那么有没有哪些不在议程上的事项可以拿出来商讨，这些事项就是应该思考的变的部分。

　　把所有事情分成这样两个部分，一方面会对自己时间更有掌控感，另一方面，还可以在变的部分进行更多的尝试，把时间的效益最大化。

　　区分不同的事情，选对做事的方法，往往会达到事半功倍的效果。人生路上，没有一成不变的准则，也没有千篇一律的方法。同一件事情，不同的人去做，也会产生不同的操作办法，只要你找到最适合自己的方法，就能够按照自己的想法，在有限的时间里，做最想要的自己，过最想过的生活。

3. 敢于取悦自己，活出自己的格局

前段时间，我的朋友小张因为赶项目忙得昏天暗地，天天开会、列计划、写方案，除了必要的活动，剩下的就是工作，每天只能休息5个小时。

朋友找他吃饭没时间，老婆请他看电影也没有时间。连续一周下来，脑袋昏昏沉沉，人也特别没精神，还整天处于焦躁状态，坏脾气一触即发。接着，他就开始失眠了。

没过多久，身体也出现了异常疼痛。等到医院做了检查，才知道自己因为长时间伏案工作，颈椎的生理曲线已经消失。于是，接下来就是做治疗和各种康复训练。

等症状缓解后，医生叮嘱他：目前这种情况还好，以后千万不能拿自己的身体不当回事，保持一个良好的心态和健康的身体，才是你应该努力的资本。

当时，他还问医生："我经常爱着急，管理不好情绪。"结果医生慢悠悠地说："你着啥急？有啥可着急的？照你这么说，医院病人这么多，我还不得整天着急上火。"

是啊！还有什么事情比健康更重要的？既然没有，那还着急什么？再忙也不能忘了保持健康的身体，调节自己的情绪。

在电影《芳华》中，因为何小萍来自农村，所以常常受到别人的白眼、嘲笑和排挤，但她还是为了爱好而咬牙坚持。她面对外人的歧视仍然努力取悦自己的模样，深深打动了我。

她在草坪上翩翩起舞的样子一直在我脑海里挥之不去。尤其是那段独舞戏：黑漆漆的夜晚，没有绚丽的舞台，更没有漂亮的演出服，甚至连个观众都没有。即使这样，却让我看到了一个身处黑暗，却向往光明的少女。因为她在为自己而跳，为自己而舞。

我在独自坚持的何小萍身上看到了曾经的自己，为了实现我的文学梦，即使没有人支持，我也坚决辞去了工作，艰难地开始了笔耕不辍的生活。多少个无人的黑夜，我独自枕星眠月，陪伴我的是窗外的一抹宁静的孤白。

冯唐曾经说过，"敢于做自己，敢于表达自己，敢于取悦自己，才能在这纷乱的世界中站稳自己的位置，活出自己的格局。"

确实，这世间能救赎你的唯有自己，把希望寄托在别人身上，也许你会得到短暂的满足，但是保证不了永远的安宁。因为别人永远是别人，自己的需求只有自己最知道。一旦这些关系中途断裂，那么最终能依靠的还是自己。

在电影《肖申克的救赎》中，银行家安迪在得知自己入狱的真相时，曾寄希望于监狱长重新审理自己的案子，证实自己的清白。然而，监狱长为了安迪能继续帮自己做假账，以及为了防止他假释，杀死了唯一的知情人。

最终，安迪凭借自己的力量，成功地得到了灵魂的救赎，还救赎了唯一曾经帮助过自己的朋友瑞德。

是的，这个世界只有你能拯救自己，只有取悦自己才能活出应有的格局。

在现实生活中，又有多少人敢于顶着别人的目光坦然取悦自己呢？

同事小丽是一个汉服迷，为了自己的这个爱好，她不但经常上网学习汉服制式知识，还网购了一大堆自己喜欢的衣服。原本以为，她只是在家里穿穿，给自己的生活增添些乐趣。谁知，有个周末我们同事一起聚餐时，她居然穿了一套汉服。看着她一脸坦然地迎接所有人好奇的目光，我忽然很佩服她的勇气。

当然，也会有人说，只顾取悦自己是自私的表现。不，这就大错特错了。取悦自己，是为了更好的接纳自己，包括自己的不足和失败。

很久之前，小溪还是一个什么都不会的应届实习生。虽然她在学校时各门功课都很出色，但在工作中遇到实际的问题时，就束手无措了，甚至连一份文案都写得惨不忍睹。更难堪的是，领导曾当着众多人的面，将她整理的文件重重地甩到地上。

通过这件事情，小溪认清了自己的不足。为了尽快满足公司的需求，她认真学习专业知识，努力提升自己。

如今，她已经成为公司的中流砥柱。如果当时她没有想到取悦自己，没有通过认知自己的不足并加以改进而得到领导的认同，反而只是去巴结领导，那么最终，小溪只会落得被公司解雇的下场。

在抖音里，我们常常能见到很多特立独行的人，他们为了自己的梦想选择了与主流背道而驰的职业，比如：反串艺人和美妆博主。

不少人在看到他们的时候，或多或少都有一定的鄙夷。然而，用有色眼镜轻视他们的同时，却也羡慕他们成功的样子。于是，他们就把各种恶毒的言语无情地附加在他们身上。

但是，当冲破世俗偏见的人到达令人敬仰的高度时，就会得到大家的尊敬和叹服，比如著名的反串艺术家李玉刚。在成功塑造了无数经典的同时，他终于活成了他想要的自己，也打破了世俗的眼光，事业达到了前所未有的高度。

学会取悦自己，遵从自己的内心，有一个很重要的方法，就是"时间精算"，学会计算自己时间的价值。很多成功人士在管理时间的时候，都会计算他们的时间客观上有多大价值。这个价值不一定就是市场价值，也不一定和每小时的工资有关。这里的价值指的是，在他们内心觉得时间有多少价值。比如，当你犹豫究竟是自己洗衣服，还是花钱请别人洗的时候，你要想想在这段时间里你还可以干什么更有价值的事情。如果你难得有一个周末，并且真的很希望和朋友聚一下，你可能就会觉得请人来洗更有价值。如果能计算时间对你的价值，你就能简化很多决定。当然，这里说的是你不喜欢做的事情，如果你很喜欢洗衣服，这样计算就没意义了。

计算自己时间的价格，学会用可以接受的钱去交换自己的时间，这样我们才能有时间取悦自己。

取悦别人，不如取悦自己。真正取悦自己，并不是为了别人而活，也不是活成别人眼中的自己。而是真正从自己的内心出发，用自己的方式，过一种更有意思的生活，让未来的每一天都充满希望和期待。

4. 对不喜欢的事情说"不"，
把时间用在热爱的事情上

　　我有个学新闻的师兄高考成绩很好，但他不喜欢自己的专业，之所以报考新闻专业，是因为他父母都在新闻体系，希望他将来能继承自己的衣钵。所以，除了考试，平时他很少出现在教室。

　　比起新闻专业，他更喜欢研究服饰，因为喜欢刺绣，他收藏了很多藏品，而且还瞒着父母跑去苏州学习双面绣。

　　你很难想象，一个大男人拿起绣花针穿针引线的样子。所以，当他的父母知道他这个喜好后，必然极力反对。

　　后来，师兄毕业后勉强做了几年记者，就辞职开始专门做起了手艺人。他的老师是一位非物质文化遗产的传人，因为家里没有人喜欢这门手艺，老师就把全部技艺都传给了他。没过几年，这位师兄就成了这门特殊技艺的大师，他经手的作品，不仅多次获得国际大奖，而且还远销海内外。

　　现实生活中，父母的希望与我们的喜好往往不同。然而，为了孝顺父母，你理所当然地接受他们的安排，收起自己所有梦想，过着一眼就能看到底的人生。

其实，勇敢对自己不喜欢的事情说"不"的人，才能真正为自己而活。当我们坚持做自己，不为别人的想法改变自己时，把时间和精力用在我们喜欢的事情上，才会向自己设定的生活迈进。

孟子曾说："求我所必求，为我所必为；当取择取，当舍择舍，如此而已。"

其实，大凡有所作为之人，都是在做自己喜欢的事。因为只有做自己喜欢的事，才会拼尽全力将其做到极致。

20世纪英国哲学家罗素曾说过，他赞成不计成败利钝地追求客观真理。对他而言，追求真理大概就是他最喜欢事吧！

我的朋友琪琪是北京外企的高管，年薪百万的她是我们众人眼里的成功者。然而她却说，自己并不喜欢这样的生活。每天不是在开会，就是在去开会的路上。她经常有接不完的电话，应酬不完的生意，还要见一些不喜欢的人。

虚与委蛇的生活，让她觉得生活特别不真实。虽然她现在是干练的职业女性，但她最喜欢的却是陶渊明式的田园生活。

就在不久前，琪琪做了一个令人震惊的决定。她辞去了高管的工作，跑到远离大都市的乡下买了一所老宅子。然后，她花了近百万元将老宅子打造成自己喜欢的民宿，还自己动手烧制喜欢的陶艺和打造家具。如今，她的民宿成为很多人度假休闲的首选，她也过上了自己梦想中的生活。

　　现实生活中，每个人都有自己想要做的事，但很少有人敢于真正做自己。

　　表哥曾经是一家银行的柜员，在我们看来，他家庭殷实、事业有成，美好的生活才刚刚开始。况且，他业务能力突出，工作不到三年就被破格提拔为所在镇分行的行长。

　　然而，令我们所有人意想不到的是，他上任不到一个月就辞职去穷游世界了。辞职后的他，一边旅游一边做代购，拍纪录片，还出了一本关于旅游的书籍。现在，他作为一名资深的环球旅人，在一个环球旅游节目做记者。

　　彼之蜜糖，我之砒霜。虽然表哥在银行的工作让人羡慕，但是他自己不喜欢那种朝九晚五、按部就班的生活，所以即便所有人都觉得那份工作很好，他却做得不开心。于是，他辞去了别人眼中令人艳羡的工作，做自己喜欢的事，甘之如饴。

　　人生没有很多个如果，逝去的时光也不会从头再来。就像网上流传的话：我选择双手搬砖，就无法抱着你；我选择抱着你，就无法搬砖挣钱养活你。

　　现实如此冷酷，我们还要在不喜欢的事物上蹉跎一辈子。其实，有时候我们只需要鼓起一点点勇气迈出第一步，就有机会在有限的时间里，做自己想做的事情，过自己想要过的生活。

我们不可以选择自己的出身，但可以选择自己想要的东西，做自己喜欢做的事情。

如何才能拥有更多时间去做自己喜欢做的事呢。这里我提供三个方法，帮助大家有更多时间做更重要的事情。

第一，为所有要做的事情留出完整的时间，并且规划好时长。比如面试要用一个小时，产品测试要用90分钟。这个方法可以防止你在一件事情上浪费更多的时间，当时间一到，就可以停止。

还要留出专门的时间去思考，我建议每周至少留出三次"沉思时间"。在"沉思时间"里，不接任何电话，也不查阅电子邮件，只是安静地进行反思。

第二，一次只做一件事。当你非常忙碌时，就会试图同时进行多个任务。这时我们一定要压抑这种冲动，专注每一次对话，给予任务应有的关注。比如当你在和客户打电话时，就要集中注意力，而不是一边打电话一边查阅电子邮件。如果你同时进行多个任务，最终只会得到两个或者更多次优的结果，一次只做一件事的效果会更好。

第三，每周开始的时候，列出1~3件为了推动工作进度最需要做的事情。最需要做的事情往往会很复杂或者难度比较高，人们很容易把这些事情拖延到之后去做，所以你需要每天重温一遍，确保自己没有偏离正确的航道。

　　我们要坚决去做自己慎重选择后认为重要的事情。也许在一开始，你的选择并不被看好，但自己却可以活得开心。因为喜欢和热爱，我们可以为之努力，竭尽全力做到极致。当时间的累积让理想的种子发芽成长时，那么等待我们的就是开花结果，从而成就最好的自己。

5. 腾出一点儿时间，过自己想要的生活

我曾在车水马龙的闹市里，见到年轻同事忽然蹲下身子抱头痛哭。后来得知，他为了完成一个重要项目，这两个月来吃住都在公司，然而，就在他刚刚完成任务走出公司大楼，正高兴地给妻子打电话的时候，才知道儿子因为肺炎已经住院一个星期了。

作为普通人，我们大部分时间都在为生活疲于奔命。也许，为了给她许一个岁月静好的未来，一个温暖稳定的家，为了让她过上更好的生活而努力工作。于是，你一个人负重前行。

然而，你没有钢筋铁骨，你也有情绪，愤懑和怨怼。面对外来的误解、排挤和诋毁时，你也需要寻找发泄的出口，来清空自己的负面情绪，以便更好地专心工作。

有一次，我外出办事时，碰到一位独自拍摄的年轻人，他的作品特别棒。刚开始，大家还以为他是一名专业摄影师。聊了一会儿，才得知他是一家无人机研发团队的执行总裁。

他说，他们公司的研发任务特别重，工作非常繁忙，甚至就连

他本人都要参与每个环节的代码编写和设计。尽管如此，他每周都会腾出一天时间外出摄影。迄今为止，他已经保持这个习惯5年了，这是在繁忙工作之余，难得腾出一点时间过自己想要过的生活。

《礼记·杂记》就曾告诫世人："张而不弛，文武弗能也；弛而不张，文武弗为也；一张一弛，文武之道也。"简而言之，人不能长期处于一种状态，要掌握节奏，适当调节，张弛有度，才能在工作和生活之间达到最完美的状态。

当然对于每一个人而言，时间都是有限的，你在这里用得多了，那里自然就少。很多人都通过努力工作过上美好的生活，但是你要知道工作只是生活的一部分，而不是生活的全部。

当你拼命努力工作的时候，不妨时常停下脚步，过一下属于自己的生活。人的时间有限，不要等功成名就了才想到要去过一天属于自己的生活。如果时间来不及，岂不是追悔莫及。

我听过一个故事。故事说，男主人公在上市公司做执行总裁。他非常努力，3年就把公司带到了行业前5名。他一年365天的时间，大部分不是在飞机上就是在会议室。别人眼中他是高效执行的精英，他也很满足自己取得的成绩。

有一天，他回家老婆说找他谈谈，他疲惫地斜躺在沙发上说："有什么事情，明天再说，今天太累了！"他老婆拿出几页纸，淡淡地说："这是离婚协议书，你有时间签了吧！"

他听到"离婚"二字，立马精神一振，说："为什么要离婚？难道我给你的生活不好吗？这些年我在外边努力打拼不就是想给你想要的生活吗？我每天奔波你知道我有多累吗？我……"没等他说完，他老婆就说："离婚了，你就可以不用这么累了。"

他从沙发上起来，走到老婆身边，想要安抚她，但是老婆根本不愿意搭理他，扭身就要走。他深深叹了口气，幽幽地说："能告诉我究竟为什么离婚吗？"

他老婆转过身，眼中含着泪说："你以为你说的那些是我想要的生活吗？我生病了一个人躺在床上，连个倒水的人都没有；灯泡坏了我自己换；我心里委屈，想找你说说话都需要预约……"话没有说完就抽泣了起来。

他听到这些，心里也觉得非常委屈，他何尝不想多陪陪爱人，但是他是个男人，需要努力奋斗，等将来成功了，再和爱人一起享受生活。他把这些心里话，说给他老婆后，他老婆说："如果这样的话，还是离婚吧。"

后来，老婆和他离婚了，他非常后悔。他把时间全部用在自己的事业上，一直忽略了家人的感受，如果他在忙工作的同时，抽出时间多过一下家庭生活，那么他的家庭也不至于走到这一步。

无论多忙，我们依然要腾出一点时间，过一下自己想要的生活，不要为了所谓的事业，而忽略家人的感受。

当然，要想在当今竞争激烈的社会中有一席之地，必须努力工作，去拼，去赢。但即使再忙碌，也不需要每时每刻都紧绷着心弦，而是要试着慢下来，把自己从忙碌中抽离出来。腾出一点儿时间，哪怕只是安静地看一本书，品一盏茶，放松一下疲惫的身心，好好充一回电，体验一把生活的滋味。给自己一个私密的空间，没有手机，没有工作、没有应酬，也没有鸡毛蒜皮的琐事，只做自己喜欢的事，享受片刻的安静时光。

刘慈欣被誉为中国当代科幻第一人，曾获过雨果奖。然而，他除了是一名作家之外，还是娘子关电厂的计算机工程师。提起自己的创作，这个看起来很腼腆的大男人说，自己当初写作的时候，身边的同事根本都不知道，他都是下班后利用业余时间创作的。

作为亚洲首位雨果奖的获奖者，刘慈欣居然没有去颁奖现场。即使成名了，他还是保持平常心，没有像其他作者那样，忙着到处做演讲，当导演拍电影。他依然还是那个喜欢沉浸在自己世界里的科幻爱好者，仍然坚持一边工作一边创作。

对于刘慈欣而言，科幻创作只是他调剂生活的一种方式，并不影响他日常的工作和生活。

很多时候，我们被理想和现实碾压得痛苦不堪。为了追求想要的生活拼命赶路，一刻不停地忙着谈生意、做项目以及应对各种应酬。努力让自己更加优秀，成为未来社会的中流砥柱，活出想要的自己，这都没有错，但还是需要慢下来，找时间享受一下生活。

然而很多时候，你的努力其实是在燃烧自己，就算获得了成功，却没有时间去享受这种成功所带来的快乐。

因此，我们要大胆放弃，简化生活。只有这样你才有时间真正的享受生活，具体怎么做呢？

首先，记录自己的生活。总觉得时间不够用的人，仔细记录一周的每一天、每个小时你都在干什么。只要做这个记录，你就会发现，这当中有很多浪费掉的时间。

其次，果断放弃。果断放弃是放弃一整类事而不是一两件。整体地放弃一类事情，比如对比价格买打折商品或者看电视剧等，这样，你就不需要在大量具体问题上纠结如何做判断。

最后，找到方法，优化方案。生活中有一些事情必须得花时间做，但你可以找到方法，进行优化，然后不断执行这个优化方案。比如对女性朋友而言，花一个小时化妆可能能达到90分，但是花20分钟把粉底、眉毛、口红化了，其实就有了80分。那我就接受这个80分的我，每天只花20分钟就可以。那些不想砍掉、不能砍掉的事，就要想办法优化方案，缩短时间。

人生就像一场马拉松，你爆发了所有的能量，却完全没有想过会到达不了终点。所以，与其拼命追赶，不如有节奏、有规律地使劲，不紧不慢地往前走。在有限的时间里，腾出一点空闲时间去享受生活，有节奏地打造自己想要的生活。

后记

时间之舟，只渡心智成熟的人到梦想的彼岸

对于时间，对于未来，我猜大部分人还停留在惜时的认知上。

尤其是传统意义上的朴素论调，往往都是"少壮不努力，老大徒伤悲""寸金难买寸光阴""时间就像海绵的水，挤一挤总还是有的"的警示语。

道理浅显易懂，我们大家都明白。然而正是因为了解时间的宝贵，才会像一只无头苍蝇一样四处乱窜，变得更加仓皇和迷茫。

当然，我也曾有过这样一段时期。

那时，我才刚进入象牙塔。不同于中学时期的紧张，大学的一切都那么鲜活。对于大学生涯，有着许多不切实际的憧憬和幻想。

从最初紧张的中学生活，过渡到大学里更加自由和开放的学习环境，各种新鲜事物和新的知识一下子呈现在眼前，我忽然就不知道自己该干什么。之前所有的坚持，在迈入大学之后，忽然一下子消失了。所以，我特别茫然。

对于未来，只是在脑海里有一个模糊而笼统的勾勒，却不知道具体是什么，该如何去实现。需要学习哪些知识，掌握怎样的技能，以及该如何做准备？

带着这样的问题，我曾经请教了很多师兄和老师，他们也各有各的说辞。有的说要多看看书；有的说多参加社会实践；还有的人告诉我要广交朋友，建立自己的人脉。

虽然他们给出的答案不尽相同，但都阐述了一个观点：大学生活是很有意义的，不要虚度，也不要荒废，要把有限的时间用在最有用的事上。

然而，我那时根本不知道自己喜欢什么，将来要做怎样的人，从事怎样的工作，更不知道自己要努力的道路是什么？在哪里？如何去实现？等等。

虽然我深知要过好每一天，要珍惜时间，要努力拼搏，却不知自己去做些什么，只能在烦恼和纠结中蹉跎每一寸光阴。

所幸，我通常对于眼前解决不了的问题，都会到书中寻找答案。直到后来参加工作，在经历过很长一段时间工作、生活和思考后，我才真正找到了属于自己的方向。

对于时间管理，我认为并不是教你如何去节约时间，而是学会有效地利用时间，更高效地工作。然而，要想利用好时间，首先就得深刻的自我反省，真正地了解自己，知道自己喜欢什么，擅长什么，究竟要过怎样的生活和实现什么样的人生目标。然后，通过一步步的有效努力，才能实现自己的梦想。

在写这本书的时候，我感慨良多。从年少时的迷茫、彷徨、无所适从到如今的镇定自若，我也经历了很长时间，也走过不少弯路。我也曾不止一次想过，如果当年就明白这个道理，那么我是不是会走得更快，走得更远。

然而，时间不能溯回。

如今，我结合当下人关注的热点，把多年摸爬滚打的经历和心得体会整理成册。希望那些还处在迷茫和无所适从的读者们，可以从中有所启发，早日找到自己的方向。

从最初的构思到如今成书，关于时间的理解，我一遍又一遍地审视自己，尽可能给出最优的解决方案，帮助那些需要帮助的人，早日走出困境。

电视剧《猎场》中说过，眼前解决不了的问题，都可以交付未来，时间是个最伟大的作者，它必将写出最完美的答案。

我们每个人从出生到死亡，都有与生俱来的不可推卸的使命。

在此之前，都曾有过迷茫、彷徨和无措，所以，我们要做的就是不断借助外物，拓宽自己，不断修正自己的认知，早日走过那段孤独的时光，找到真正属于自己的梦想彼岸，如此而已。